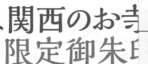

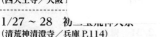

関西のお寺
限定御朱印

関西のお寺で催されるお
限定御朱印の有無がひ
こちらで紹介しているのはほんの一部

万燈会

1月

1/1～　初詣　各寺

1/1　新年初護摩供
（金峯山寺／奈良 P.10）

1/5　初生け式
（頂法寺／京都 P.78）

1/1～14　修正会
（四天王寺／大阪 P.57）

1/14　どやどや
（四天王寺／大阪 P.57）

1月成人の日　泉山七福神巡り
（泉涌寺山内寺院／京都 P.119）
限定御朱印あり

1/18　初牛玉さん
（石山寺／滋賀 P.74）

1/18　初観音　限定御朱印あり
（南法華寺／奈良 P.16）

1/18・19　厄除け大祭
（門戸厄神 東光寺／兵庫 P.56）

1/19　脳天大神新春大祭
（金峯山寺／奈良 P.10）

1/21　初弘法
（教王護国寺／京都

1/21　初大師
（中山寺／兵庫 P.5

1/22　曼供・
（四天王寺／大阪

1/27～28　初三宝荒神大祭
（清荒神清澄寺／兵庫 P.114）

1/28　初不動
（百済寺／滋賀 P.69）

2

2/1～4　星祭
（南法華寺／奈良

2/3　節分会

鬼の調伏式
（金峯山寺／奈良
※年により日程が変わる

2月中旬~4月上
梅づくし・桜まい
（石山寺／滋賀 P.7

2/14　だだおし
（長谷寺／
奈良 P.51）

2/15　涅槃会 頭会
（興福寺／奈良 P.9

2/15　太子二祭
（四天王寺／大阪

2/16　えんま天
（中山寺／兵庫 P.5

公祭

（醍醐寺／京都 P.8

2月下旬の土日 回廊
（朝護孫子寺／奈良 P.16、51）

2月下旬　利休月祭
（南宗寺／大阪 P.9

6月

6月初旬～7月上旬
あじさいウィーク
（柳谷観音（柳谷寺）／京都 P.118）

6/5～6　開山忌舎利会
（唐招提寺／奈良 P.95）

6/14　明智光秀公御祥当法要
（西教寺／滋賀 P.73）
限定御朱印あり

6/15　弘法大師誕生青葉まつり
（中山寺／兵庫 P.55）

6/20　竹伐り会式
（鞍馬寺／京都 P.87）

6/30～7/2　愛染まつり
（愛染堂勝鬘院／大阪 P.105）

お釈迦様ゆかりの
三大法会って?

お釈迦様が入滅した涅槃会（ねはんえ＝2/15）、誕生した灌仏会（かんぶつえ＝4/8）、悟りを開いた成道会（じょうどうえ＝12/8）は三大法会と呼ばれます。仏教で最も重要な行事として、宗派を問わず多くのお寺で営まれます。

布日等は変更や中止になることがあります。最新情報をご確認ください

7月

7/1～31　祇園祭

7/3　四天王供養法要
（四天王寺／大阪 P.57）

7/7　七夕　各寺

7/7　七夕法楽
（知恩院／京都 P.62）

7/7～9　蓮華会・蛙飛び行事
（金峯山寺／奈良 P.10）

7/19　厄神夏まつり
（中山寺・奥之院／兵庫 P.55）

7/21・土用の丑の日
きゅうり封じ
（神光院／京都 P.87）

「縁日」は仏様と縁を結ぶ日です！

縁日とは「結縁の日」を略した仏教の言葉で、特定の仏様と人が縁を結ぶことができる日のことです。この日に参拝すると、格別な御利益が頂けるとされています。観音菩薩は毎月18日、地蔵菩薩は毎月24日、不動明王は毎月28日、大黒様は甲子の日など、多くの仏様に縁日が定められています。

8月

8/4　篝の舞楽
（四天王寺／大阪 P.57）

8/9　千日会
（石山寺／滋賀 P.74）

8/9　星下り大会式
稚児梵天／梵天奉幣
（中山寺／兵庫 P.55）

8/9～16　千日詣り
（清水寺／京都 P.54）

8/13～15　盂蘭盆会　各寺

8/15　蓮華会
（宝厳寺／滋賀 P.72）

8/16　大文字送り火　（京都五山）

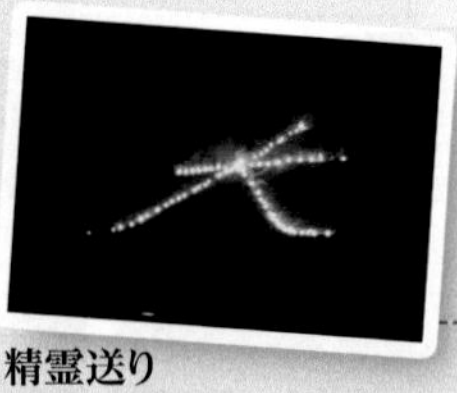

8/16　精霊送り
（東福寺／京都 P.58）

8/16　嵐山灯籠流し・川施餓鬼
（天龍寺ほか合同／京都 P.12）

8/17　お盆法要・御本尊開帳
（那智山青岸渡寺／和歌山 P.13）

8/17～18　伝教大師誕生会
（比叡山延暦寺／滋賀 P.64）

8/18　盆大施餓鬼会　限定御朱印あり
（柳谷観音／京都 P.118）

8/19　厄神まつり　限定御朱印あり
（門戸厄神 東光寺／兵庫 P.56）

盂蘭盆会（お盆）

祖先の霊の冥福を祈る行事で、起源はサンスクリット語の「ウランバナ」です。かつては旧暦7月15日前後の期間に行われていましたが、現在は全国的に8月15日を中心に行われることが多くなっています。東京の下町や北陸地方など、新暦の7月15日に行う地域もあります。

9月

9/6～29の金・土・日
観月茶会（要予約）
（高台寺／京都 P.61）

9月中旬　飛鳥　光の回廊
（明日香村／奈良）

9/15　義経祭
（鞍馬寺／京都 P.87）

9/15　青龍会
（清水寺／京都 P.54）

9/15
後醍醐天皇忌・八幡社殿放生会
（天龍寺／京都 P.12）

9/20～26　秋季彼岸会
（知恩院／京都 P.62）

9/23　彼岸会
（長谷寺／奈良 P.51）

9/29・30　秋月祭
（石山寺／滋賀 P.74）

中秋～3日間　観月の夕べ
（大覚寺／京都 P.85）

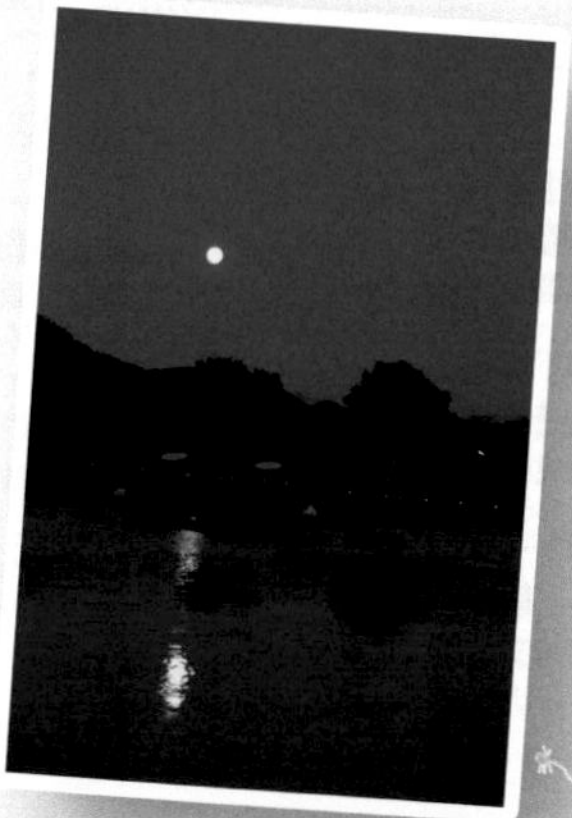

週末開運さんぽ

御朱印でめぐる関西のお寺

集めるごに
運気アップ!

一体の御朱印が結ぶ〝仏縁〟と幸せ

関西のお寺で思い浮かぶのは
京都や奈良のお寺かもしれません。
しかし、長い歴史の舞台となってきた関西には
さまざまなお寺があります。
奥深い山中にひっそりたたずむ古刹、
湖に浮かぶお堂、武将にゆかりのお寺……
どのお寺もそれぞれに
豊かな表情で迎えてくれます。
そして関西のお寺には
すばらしい御朱印がたくさんあります。
雅な御朱印、凄い御朱印、
力強い墨書の御朱印……

勝尾寺（大阪）

関西のお寺の御朱印には
歴史の物語や大勢の人々の
尊い思いも込められているのです。
御朱印は、仏様とのご縁
「仏縁」を結んでくれます。
「仏縁」は幸せを運び、
参拝できなくても、
御朱印を見返すことで
仏縁を結ぶことができます。
御朱印を頂き、「仏縁」を結び、
幸せを重ねていけるよう、
心を込めて
本書をお届けいたします。

この本と御朱印帳を
持って出かければ
もっと楽しくなる!
もっと幸せになる!!

本書の楽しみ方

御朱印集めが楽しくなる情報と運気アップの秘訣を詰め込みました。
初めての方は第一章から、ツウの方は第三章から読むのがおすすめ。もちろん御朱印をぱらぱら眺めるのも◎です。

目次

御朱印でめぐる関西のお寺 週末開運さんぽ

第一章 出発前にチェック！御朱印&お寺入門

第二章 編集部が太鼓判！最強モデルプラン

本書をご利用になる皆さんへ

※本書に掲載のお寺はすべて写真・御朱印などの掲載許可を頂いています。掲載許可を頂けなかったお寺は掲載していません。
※掲載寺院のなかには日によって対応が難しかったり、留守だったり、書き置きで対応している場合などもあります。あらかじめご了承ください。
※第三章でご紹介している「みんなのクチコミ!!」は、読者の皆さんからの投稿を編集部にて抜粋しております。クチコミの内容を優先するため、ご投稿者のお名前や属性を省略させていただいておりますのでご了承ください。
※第三章の御利益別は編集部が各お寺の特徴などに基づき選定したものですが、各お寺の御利益はそれに限るものではありません。
※本書のデータはすべて2023年8月現在のものです。参拝時間、各料金、交通機関の時刻、行事の日程などは時間の経過により変更されることもあります。また、アクセスやモデルプランなどにある所要時間はあくまでも目安としてお考えください。拝観時間は「入山が可能な最終時間」までを基本に示してあります（一部例外あり）。
※本書で紹介している御朱印は一例です。墨書・印の内容が変更されたり、掲載御朱印以外の種類を頒布しているお寺もありますので、詳しくは各お寺へお問い合わせください。
※寺院名・ご本尊・ゆかりの人物の名称・施設名等は各お寺で使用している名称に準じています。

第三章
御利益別！今行きたいお寺

Part1 総合運

Part2 縁結び

Part3 金運・財運

Part4 美容・健康

Part5 仕事・学業

Part6 レア御利益

COLUMN

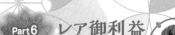

本書掲載
全寺院網羅！

関西のおさんぽマップ

文化庁の統計によると、関西には約1万8600ものお寺があります。本書ではそのなかから、御朱印や御利益などが凄いと評判のお寺をセレクトしました。マップを見ながら、近くのお寺から御朱印めぐりをスタートしてみませんか。

A
B
1
2
3
4
成相寺(P.89)
双林院(山科聖天)(P.113)
毘沙門堂(P.130)
福井県
滋賀県
松尾寺(P.121)
安國寺(P.17)
比叡山延暦寺(P.64)
岐阜県
瑠璃光院(P.11)
宝厳寺(P.72)
蓮華寺(P.83)
三井寺(園城寺)(P.75)
兵庫県
京都府
鞍馬寺(P.87)
西教寺(P.73)
京都拡大図
満月寺浮御堂(P.83)
白毫寺(P.15)
西明寺(P.14・68)
長命寺(P.118)
金剛輪寺(P.69)
神光院(P.87)
播州清水寺(P.115)
大覚寺(P.85)
百済寺(P.69)
伽耶院(P.106)
天龍寺(P.12)
常楽寺(P.71)
穴太寺(P.120)
長寿寺(P.71)
浄土寺(P.92)
石山寺(P.74)
善水寺(P.70)
圓教寺(P.92)
柳谷観音(楊谷寺)(P.118)
石薬師寺(P.126)
一乗寺(P.91)
正法寺(岩間寺)(P.136)
善峯寺(P.128)
立木観音(P.82)
神峯山寺(P.90)
勝尾寺(P.129)
醍醐寺(P.84)
真善寺(P.108)
総持寺(P.138)
随心院(P.79)
三室戸寺(P.114)
清荒神清澄寺(P.114)
専修寺(P.50)
鶴林寺(P.121)
萬福寺(P.102)
法界寺(P.137)
大龍寺(P.139)
平等院(P.86)
岩船寺(P.104)
斑鳩寺(P.93)
門戸厄神 東光寺(P.56)
寶山寺(P.133)
奈良拡大図
中山寺(P.55)
霊山寺(P.123)
大阪府
南宗寺(P.91)
法隆寺(P.132)
長谷寺(P.51)
室生寺(P.124)
大阪拡大図
法起院(P.96)
葛井寺(P.53)
安倍文殊院(P.131)
金剛寺(P.52)
三重県
岡寺(P.51)
観心寺(P.52)
根來寺(P.100)
金峯山寺(P.10)
道明寺(P.53)
南法華寺(P.16)
無量光寺(P.141)
粉河寺(P.109)
橘寺(P.50)
奈良県
紀三井寺(P.134)
飛鳥寺(P.97)
慈尊院(P.125)
當麻寺(P.98)
金剛峯寺(P.99)
朝護孫子寺(P.116)
金剛三昧院(P.109)
奥之院(P.99)
道成寺(P.110)
和歌山県
救馬渓観音(P.140)
那智山青岸渡寺(P.13)

春夏秋冬、季節の御朱印を頂き今の自分を見つめる出会いを

勝林寺の詳しい紹介はP.120へ

四季折々の御朱印や花手水で多くの人が訪れるきっかけに

京都・東福寺の塔頭であり、いちばん北側の鬼門に位置する勝林寺。北方と仏法を守護する毘沙門天を祀り、東福寺全体を守る役目をもっています。全国に広がる「季節限定御朱印」発祥の寺院ともいわれ、切り絵御朱印・花手水・坐禅など多くの体験を行っています。さまざまな試みを行っている住職の宇野さんにお話をうかがいました。

100年近く閉ざしていた門を開き、昔の御朱印を復活

「より多くの方に来てもらえるきっかけになるように、季節限定御朱印や切り絵御朱印、花手水、坐禅を始めたんです」と話す、勝林寺の宇野さん。諸事情により100年ほど閉じていた門を再び開いて参拝者を受け入れようとしたときに「ご縁をつなぐお寺」として、さまざまな方に来ていただけることを目的にしたそうです。「禅寺は敷居が高いと思われがちなので、毎日お寺を開けて、参拝者との対話を大事にしています」と話してくれました。

勝林寺で特に人気なのが「季節限定御朱印」。参拝者からの声を受け、5年ぐらい前から「季節の切り絵御朱印」も開始しました。従来の枠にとらわれず、より多くの方に興味をもってもらえるよう、常に新しい試みを模索し続ける姿は輝いてみえました。勝林寺では毎週「手書きの御朱印」を授与しており開催日の14時から整理券を配布しています。御朱印を書く間に参拝者の方と話をするのが、住職の宇野さんにとっても大切な時間だそう。30名限定で、事前告知しているそうなので、参拝予定の方はぜひSNSもチェックしてみましょう。

御朱印を通じて自分自身を見つめてほしい

毘沙門天の勝運・厄除けの御利益を求めて参拝する方が多いそう。人はなにか起こると、過去にあったよいこと悪いことに結びつけがちだが、勝林寺に訪れた方には、自身の今の心だけを見つめ「明日からがんばろう」「今を大切にしよう」と思うきっかけにしてほしいというのが宇野さんの願い。参拝が自分の心に、仏の心に気づくきっかけとなり、人生がより豊かになってほしいという願いが、御朱印・花手水・坐禅などさまざまな試みから感じられます。

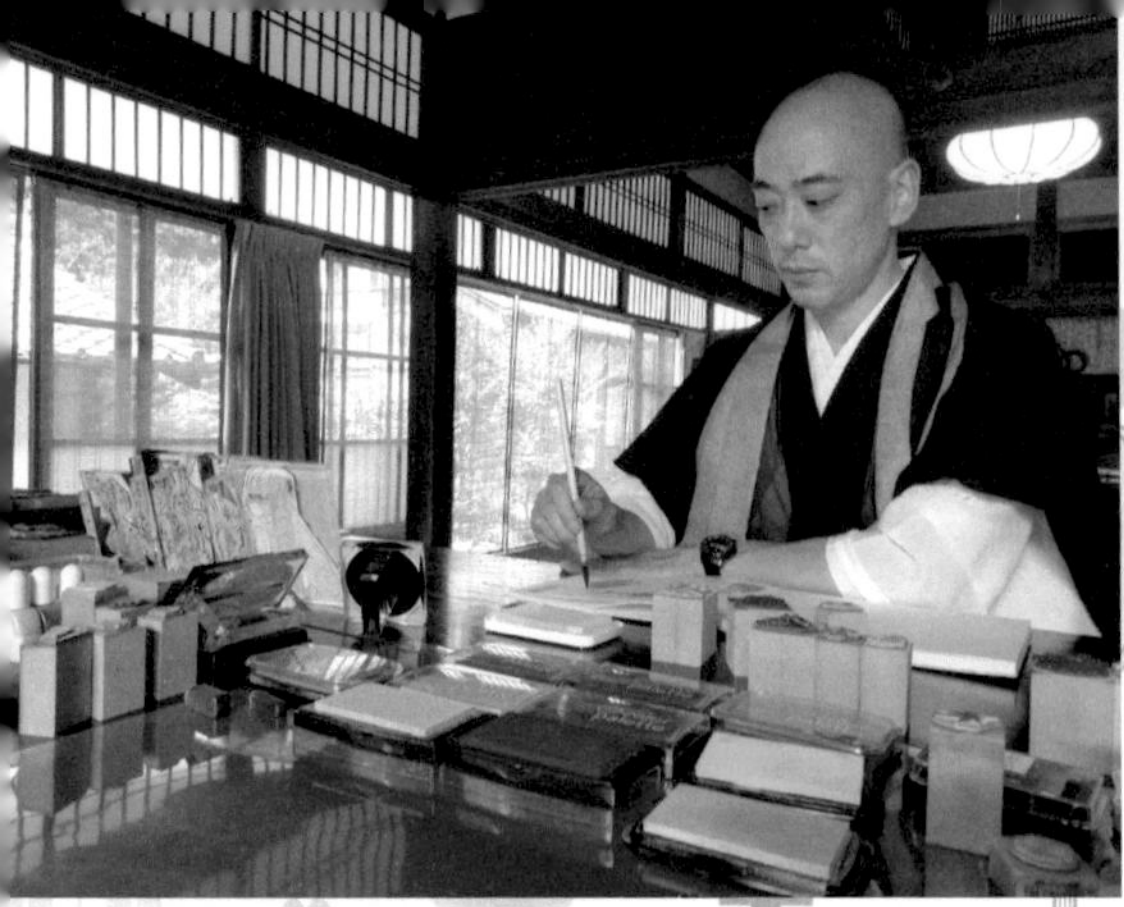

「手書きの御朱印」に思いを込める宇野さん。片面 or 見開き、本尊の毘沙門天 or 季節の御朱印など、希望を話しながら決めていく

（上）境内の紅葉は秋に色づき、SNS 映えすると人気だそう（右上）週２回変えている花手水。夏は風車やレインアートなど、季節を感じる工夫も（右）「花美守り」（写真：800 円）のほかにも「毘沙門天お守り」「こども守り」などお守りが多数あります

坐禅についてのQ&A

勝林寺は御朱印だけではなく坐禅でも有名。
素朴な疑問を質問しました。

Q 坐禅で大切なことはなんですか?

A 「坐」は、身体を落ち着けて動じない形に安定させ、心を1ヵ所に集中し定着させること。「禅」は「禅《ぜん》那《な》」といい、心を統一させることだといわれています。坐ることによって身・息・心が統一される、または統一しつつある状態が坐禅ということになります。

＼初めての方でも安心して参加できます／

Q 勝林寺では、坐禅はいつ開催していますか?

A 坐禅は通年12:30からほぼ毎日開催しています。参加者は女性が多く、20〜50代がメインです。60名が定員ですが、満員になることも多いので事前予約がおすすめです。コロナ禍前は、坐禅のほかにもヨガ・お香の石鹸づくり・精進料理教室・聞香体験なども行っていました。今後、様子を見て復活させていく予定です。

ここにしかない好みの授与品を見つけよう♡

勝林寺に参拝した際にはぜひ手に入れたい! 季節限定御朱印と切り絵御朱印は、時期により異なり2〜6種類並ぶことが多いそうです。

春夏秋冬、揃えたくなる!

（左）御朱印を持って境内で撮影するのも楽しい（右）勝林寺限定の「トラおみくじ」（500 円）。７色あるので推しの色を買っていく参拝者も多いそう

左から「2023 年秋限定御朱印（うさぎの柄）」の２種類、「2023 年秋限定御朱印（初秋の勝林寺の切り絵）」「2023 年夏限定御朱印（花火の切り絵）」

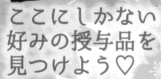

絶景のお寺 奈良

雲海に浮かび上がる修験道の聖地、金峯山寺

単層裳階付入母屋の蔵王堂は、高さ34mの威容。木造建築物としては東大寺大仏殿に次ぐ大きさ。御本尊の蔵王権現像は秘仏です

金《きん》峯《ぷ》山《せん》寺《じ》

古来、金峯山は吉野山から大峯山山上ケ岳一帯のことで、聖域とされてきました。7世紀にこの地で1000日の苦行を行った役小角は、金剛蔵王大権現の出現を得ます。その姿を山桜に彫り、蔵王堂に祀ったのが金峯山寺の開創と伝わります。

ご本尊は像高7mほどの三体の金剛蔵王権現です。秘仏ですが、不定期で御開帳されます。悪魔を調伏する憤怒の表情をしています。

吉野山といえば桜の名所。ご本尊を彫ったのが桜とされるため、平安時代から参詣者が奉納し続けたので、今日の姿になったそうです。

ご本尊
金剛蔵王大権現《こんごうざおうだいごんげん》

御朱印

御朱印はP.26でも紹介!

墨書／奉拝、蔵王堂、金峯山寺
印／金峯山、吉野山寺宝めぐり、梵字ウーンの蔵王権現を表す印、吉野山蔵王堂

御朱印帳はP.37でも紹介!

御朱印帳(2000円)はかわいい蔵王権現様のお姿

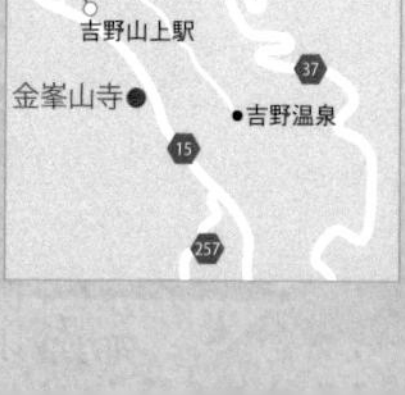

DATA

金峯山寺 MAP P.7-B3

開創／7世紀後半
山号／国軸山
宗旨／金峯山修験本宗
住所／奈良県吉野郡吉野町吉野山
電話／0746-32-8371
交通／ロープウェイ「吉野山上駅」より徒歩10分
拝観時間・御朱印授与／8:30～16:00
拝観料／境内無料、蔵王堂800円(特別拝観時を除く)
URL https://www.kinpusen.or.jp/

春、秋に、比叡山の麓、八瀬の名庭を訪れる

新緑の春夏、錦繍の秋、季節の移ろいを感じることができる瑠璃光院の山門

ご本尊
阿弥陀如来《あみだにょらい》

瑠《る》璃《り》光《こう》院《いん》

境内を彩る春の青紅葉、秋の紅葉がすばらしいお寺として、春と秋に多くの人が訪れるお寺です。通常非公開ですが、書院2階の机に映り込むカエデの光景が有名で、春と秋に特別公開されるのです。

瀟洒な山門から緩やかに上る参道の両側には100種以上のカエデが茂り、苔と紅葉のコントラストが鮮やかです。1万2000坪もの敷地には数寄屋造の建物と、浄土の世界を表した瑠璃の庭、龍を水と石で表現した臥龍の庭が広がります。喧騒から離れた穏やかな名刹です。

御朱印

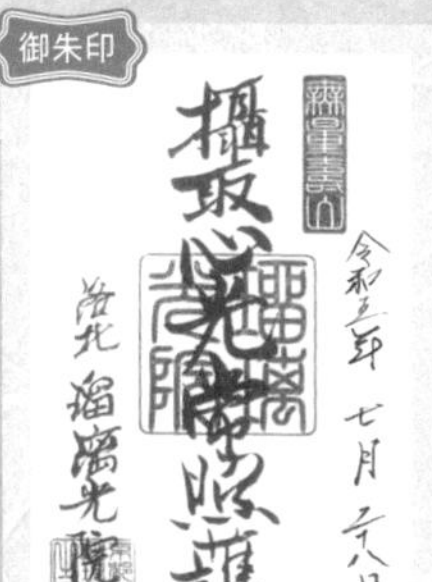

墨書／摂取心光常照護、洛北瑠璃光院　印／無量壽山、瑠璃光院、京都八瀬瑠璃光院埜印

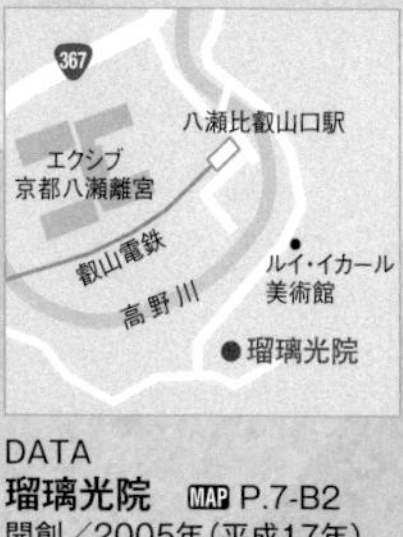

DATA
瑠璃光院 MAP P.7-B2
開創／2005年（平成17年）
山号／無量寿山　宗旨／浄土真宗
住所／京都府京都市左京区上高野東山55
電話／075-781-4001（応答メッセージ）
交通／叡山電鉄八瀬比叡山口駅より徒歩12分
拝観時間・御朱印授与／10:00～17:00（特別拝観期間のみ）　拝観料／2000円
URL http://rurikoin.komyoji.com/

世界遺産に登録された曹源池庭園は必見

御朱印

墨書／奉拝、覺王寶殿、大本山天龍寺
印／靈亀山、三宝印、天龍禅寺

ご本尊
釈迦如来《しゃかにょらい》

天龍寺《てんりゅうじ》

1339年（暦応2年）、後醍醐天皇の菩提を弔うために創建されました。開山は夢窓疎石。かつての寺域は広大で、渡月橋や亀山公園も天龍寺の境内だったといいます。

その後、たび重なる火災や、応仁の乱、蛤御門の変といった兵火によって大きな被害を受けたものの、復興を遂げました。

現存する最古の建物は勅使門で寛永年間（1624～1644年）のものと伝わります。明治時代に再建された大方丈の前には曹源池庭園があります。嵐山、亀山、小倉山を借景とした池泉回遊式庭園で、わが国最初の史跡・特別名勝に指定され、世界文化遺産にも登録されています。

天龍寺最大の建物、大方丈の前に広がる曹源池庭園。約700年前の夢窓疎石作庭当時の面影を留め、四季を通じて花が絶えません

DATA

天龍寺 MAP P.7-B2

開創／1339年（暦応2年）
山号／靈亀山　宗旨／臨済宗
住所／京都府京都市右京区嵯峨天竜寺芒ノ馬場町68
電話／075-881-1235
交通／京福電鉄「嵐山駅」から徒歩3分
参拝／8:30～17:00
御朱印授与時間／8:30～17:00
庭園参拝料／500円（講堂参拝は300円追加）
URL http://www.tenryuji.com/

世界遺産を構成する境内から
三重塔と那智滝を望む

本堂は熊野地方最古の建造物で、国の重要文化財に指定されています

ご本尊
如意輪観世音菩薩《にょいりんかんぜおんぼさつ》

那《な》智《ち》山《さん》青《せい》岸《がん》渡《と》寺《じ》

西国三十三所めぐりの第一番札所。境内の三重塔と流れ落ちる那智滝はまさに絶景です。

4世紀、熊野灘に漂着したインド人僧の裸形上人が那智滝の滝つぼから如意輪観音を得て、草庵を建てたのが始まりと伝わります。

平安時代から鎌倉時代には隣接する熊野那智大社とともに神仏習合の修験道場として栄えました。

戦国時代に焼失した本堂は豊臣秀吉が再建。桃山様式を伝え、堂内には秀吉が寄進した大鰐口が残ります。

御朱印

墨書／奉拝、普照殿、那智山　印／西國第壱番札所、梵字キリークの如意輪観音を表す印、那智山納経印　●世界遺産登録２０周年記念の限定御朱印。季節ごとに4色あり、枚数限定

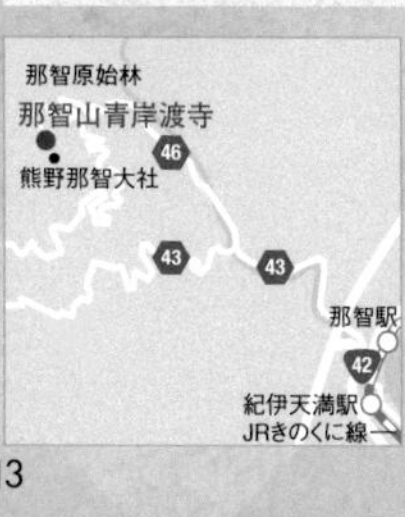

DATA

那智山青岸渡寺　MAP P.7-B4

開創／4世紀　山号／那智山　宗旨／天台宗
住所／和歌山県東牟婁郡那智勝浦町那智山8
電話／0735-55-0001
交通／JR「紀伊勝浦駅」から熊野御坊南海バス30分、「那智山」下車徒歩7分
拝観時間／7:00〜16:30
御朱印授与／7:30〜16:30
拝観料／無料、三重塔300円
URL https://seigantoji.or.jp/

緑に包まれた広大な境内 紅葉と建物の対比が美しい

十二神将は、十二支と結びついた生まれ年の守り神です

ご本尊
薬師如来《やくしにょらい》

西《さい》明《みょう》寺《じ》

紅葉の美しいお寺として有名です。32万坪もの広さがある境内は木の香りにあふれ、米国CNNの「日本の最も美しい場所31選」にも選ばれています。

本堂と三重塔はいずれも国宝。鎌倉時代に飛騨の匠が釘を1本も使わずに建てた総桧造りです。

本堂に入ると、須弥壇に十二神将像が並び、真ん中には本尊薬師如来が納められた大きな厨子が安置されています。薬師如来が病を治す医師なら十二神将は看護師に当たるそうです。「心身の悩みを薬師如来に伝え、救済の補佐をするのが役目ですね」と住職。山内には苔が自生し、雨上がりにはさわやかな緑を見せてくれます。

御朱印

墨書/奉拝、薬師如来、西明寺
印/西國薬師第三十三番、梵字バイの薬師如来を表す印、西明寺印

御朱印と御朱印帳はP.27・35でも紹介!

DATA
西明寺 MAP P.7-B2
開創/834年(承和元年)
山号/龍應山　宗旨/天台宗
住所/滋賀県犬上郡甲良町池寺26
電話/0749-38-4008
交通/JR「彦根駅」から車で20分、JR「河瀬駅」から車で15分
拝観時間/8:30~16:30(受付は閉門30分前まで)
御朱印授与/8:30~16:00
拝観料/800円
URL https://saimyouji.com/

三重塔の一層には巨勢の絵画が描かれています

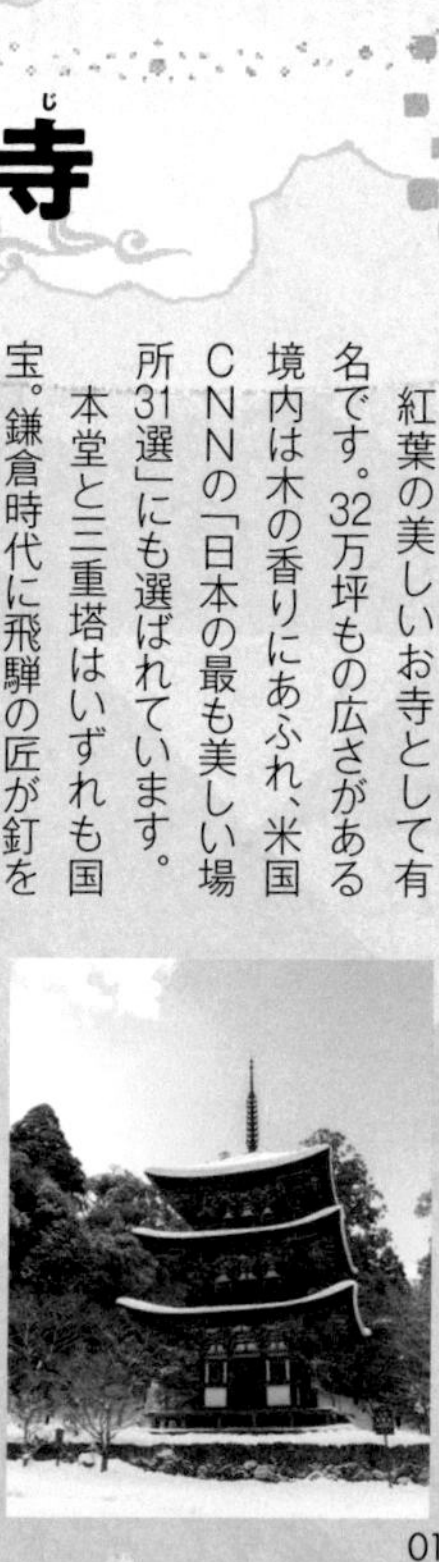

「九尺ふじ」が咲き誇る姿が、ライトアップで輝きを増す幻想美

ご本尊
薬師瑠璃光如来《やくしるりこうにょらい》

白《びゃく》毫《ごう》寺《じ》

今から1300年以上前に、インドの僧・法道仙人によって開基されたと伝わります。天竺から伝えられたというご本尊の薬師瑠璃光如来の白毫から神々しい瑞光が放たれていたことから名づけられました。

四季を通じて花や紅葉の美しいお寺ですが、とりわけ全長120mの藤棚に咲き誇る九尺ふじは有名で、5月初旬の開花時期には美しくライトアップされます。

御朱印

墨書／奉拝、医王尊、丹波、白毫寺　印／丹波古刹第十番、梵字ベイの薬師如来を表す印、五大山白毫寺

DATA

白毫寺　MAP P.7-A2
開創／705年（慶雲2年）
山号／五大山　宗旨／天台宗
住所／兵庫県丹波市市島町白毫寺709
電話／0795-85-0259
交通／JR「市島駅」から車で8分
拝観時間／9:00～17:00（ライトアップ時は～21:00）
御朱印授与／9:00～17:00
拝観料／300円
URL http://www.byakugouji.jp/

壺阪寺の通称で知られ、広く信仰を集める目の観音様

大和三山、奈良盆地を見渡す山頂にあり、西国三十三所の第6番札所です

ご本尊
十一面千手観世音菩薩《じゅういちめんせんじゅかんのんぼさつ》

南《みなみ》法《ほっ》華《け》寺《じ》

703年（大宝3年）、弁基上人の持つ水晶の壺に観音像が映し出され、その像を彫って安置したのが最初とされます。貴族の参拝が盛んになり隆盛を誇った平安時代から、眼病治癒の観音様として信仰を集めていたそうです。

壺阪寺の名を有名にしたのは明治期に上演された人形浄瑠璃『壺坂霊験記』。壺阪寺を舞台に盲目の夫沢市の目を治そうと祈願する妻お里の献身と夫婦愛を描いたもので、歌舞伎、浪曲にもなり広まりました。

境内は標高300mの壺阪山中腹に広がり、講堂、仁王門、多宝塔、三重塔や釈迦の一代記を彫った石像の大レリーフなどが点在しています。

御朱印

墨書／奉拝、普照殿、壺阪寺
印／西國第六番、梵字キリークの千手観音を表す印、壺阪山南法華寺

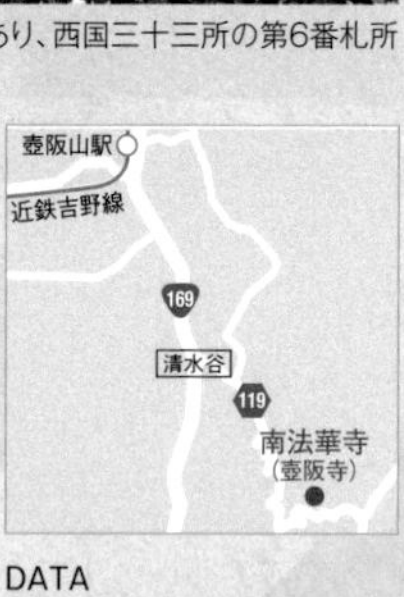

DATA
南法華寺 MAP P.7-B3
開創／703年（大宝3年）
宗旨／真言宗　山号／壺阪山
住所／奈良県高市郡高取町壺阪3
電話／0744-52-2016
交通／近鉄線「壺阪山駅」からバス11分「壺阪寺」バス停下車
拝観時間・御朱印授与／8:30～17:00
拝観料／800円
URL https://www.tsubosaka1300.or.jp/

ご本尊十一面千手観音（眼の観音さま）に御祈祷した「眼病封じ」のお守り（600円）

本堂の座敷から見えるドウダンツツジ あたかも額縁に入った絵画のよう

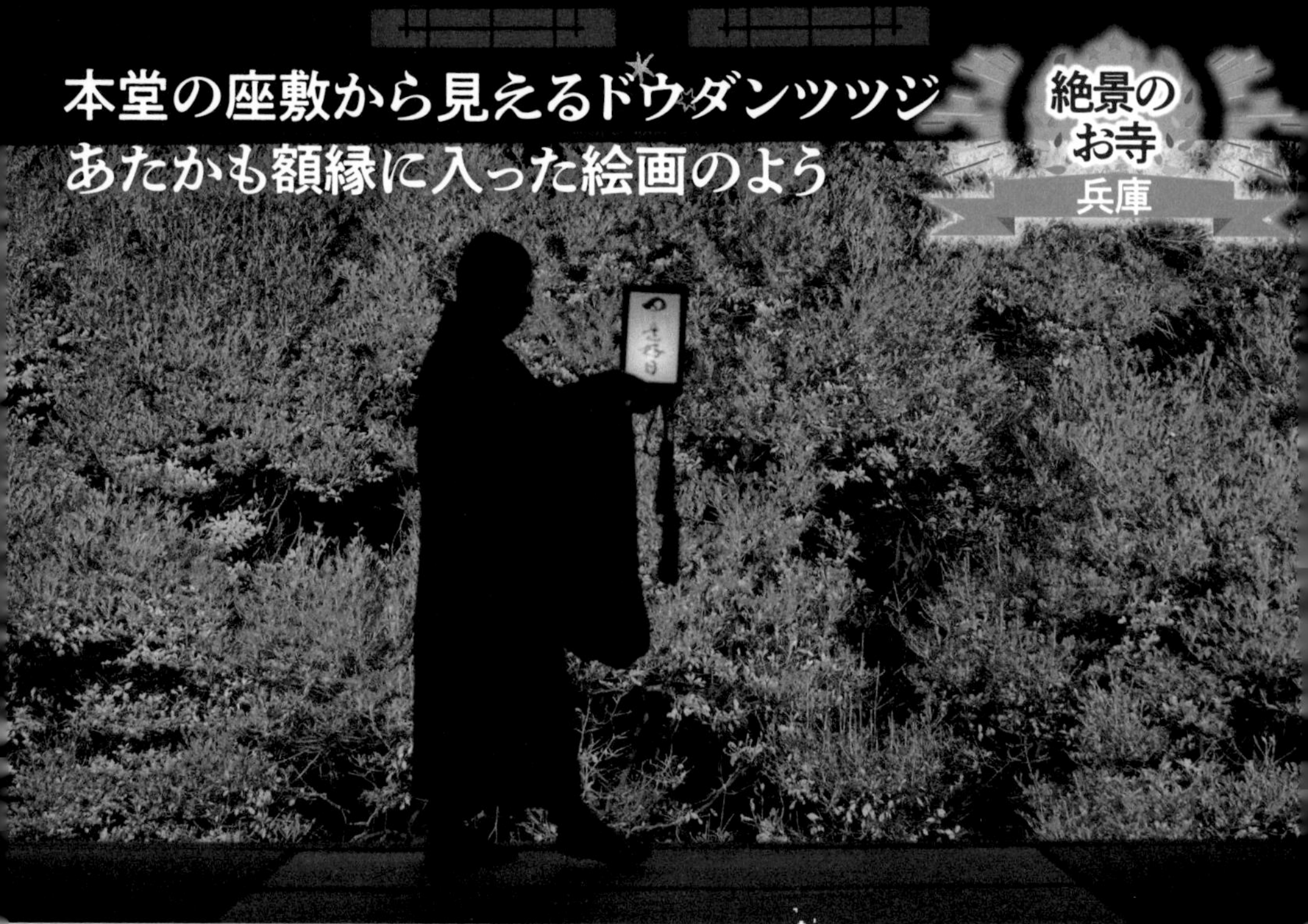

御朱印

墨書／奉拝、南無釋迦牟尼佛、但馬、安國寺
印／地蔵の印、梵字バクの釈迦牟尼仏を表す印、怨親平等全国安国寺会、安國禅寺

ご本尊
釈迦牟尼佛《しゃかむにぶつ》

安《あん》國《こく》寺《じ》

鎌倉時代に、法灯国師が開山したといわれます。但馬守護であった太田氏の菩提寺を、足利尊氏が後醍醐天皇をはじめとする南朝の戦没者の菩提を弔うために安國寺と改称しました。

裏庭の樹齢160年以上といわれる「ドウダンツツジ」が色鮮やかに紅葉することで有名です。毎年11月中旬に2週間ほど一般公開されます。上下左右に枝を広げた裏庭のドウダンツツジを、障子を外した部屋から見ると、まるで額に入った絵のような光景で圧巻です。

安國寺の全景。モリアオガエルやナツツバキも有名

DATA

安國寺 MAP P.7-A1

開創／鎌倉時代
山号／太平山
宗旨／臨済宗大徳寺派
住所／兵庫県豊岡市但東町相田327
電話／0796-54-0435
交通／JR「豊岡駅」「八鹿駅」「江原駅」からバス45分、「小谷」下車徒歩10分
拝観時間・御朱印授与／8:00～17:00（最終入山受付16:30）
ドウダンツツジ紅葉一般公開拝観料／500円

関西のお寺 INDEX

本書に掲載している関西2府5県のお寺を府県別に五十音順でリストアップ。
御朱印さんぽやお寺めぐりの参考にしてみてください。
参拝したり、御朱印を頂いたりしたら□にチェック✓しましょう！

三重県

滋賀県

京都府

大阪府

兵庫県

奈良県

和歌山県

第一章

出発前にチェック！

御朱印&お寺入門

御朱印の見方や頂き方のマナーから、ご本尊や境内の建物など、まず理解しておきたい基本をレクチャー。御朱印デビューの前に基礎情報を知るだけでお寺めぐりがだんぜん楽しくなります。

御朱印ってナニ？

御朱印帳

御朱印は、もともとお経を納めた証にお寺で頂いていたもの。それがいつしか、神社にも広がり、参拝によってご本尊や神様とのご縁が結ばれた証として頂けるようになりました。ですから、単なる参拝記念のスタンプではありません。

御朱印の本来の役割って

御朱印はもともと、自分で書き写したお経をお寺に納め、その証に頂くものでした。お寺で「納経印」ともいわれているのはこのためです。いつしか、納経しなくても参拝の証として寺社で頂けるようになりました。お寺で始まった御朱印ですが、江戸時代にはすでに神社でも出されていたといわれています。

御朱印は
納経をした
証でした

御朱印を頂くってどういうこと？

御朱印を頂ける場所は、お守りやお札の頒布所が一般的ですが、寺務所や納経所で頒布するお寺もあります。書いてくださるのは、僧侶や寺務所の方々。ご本尊を梵字で表した本尊印か「仏法僧」が宝であると刻んだ三宝印、寺院印が押され、これにご本尊名や寺院名が墨書されます。

御朱印を頂くというのは、そのお寺のご本尊とのご縁が結ばれたことになります。決して記念スタンプではありません。ていねいに扱いましょう。

御朱印により
仏様とのご縁が
結ばれます

世界でひとつの御朱印との出合いを楽しみましょう

御朱印は基本的に印刷物ではありません。僧侶や寺務所の皆さんがていねいに手書きしてくださる、世界にひとつのもの。ですから、墨書には書き手の個性が表れます。そのため、本書に掲載した御朱印と同じものが頂けるとは限りません。同じお寺でも書き手によって、頂くたびに墨書や印の押し方が違うからです。印も季節によって変わったり、新しいものに作り替えることもあります。御朱印自体が頂けなくなることさえあるのです。二度と同じ御朱印は頂けない、それが御朱印集めの楽しみでもあります。

弁財天や
大黒天の御朱印も
あります！

お寺の御朱印の見方

白い紙に鮮やかな朱の印と黒々とした墨書が絶妙なバランスで配置されている御朱印。墨書には何が書かれ、印は何を意味しているのでしょう。御朱印をもっと深く知るために、墨書や印の見方を紹介します。

御朱印帳を持ち歩くときには袋に入れて

お寺によってはオリジナルの御朱印帳と御朱印帳袋を頒布しています。御朱印帳袋は御朱印帳を汚れから守ってくれて、ひとつあると参拝で持ち歩くときに便利です。

仁和寺（P.77）で頒布される御朱印帳と御朱印帳袋です。どちらも京都随一とたたえられる御室桜がモチーフです。

ご本尊の印

ご本尊を梵字で表した印や三宝印（仏法僧寶の印）が押されます。印の字体は篆刻（てんこく）という独特なものが多くみられます。寺紋やご本尊の姿印が押される御朱印もあります。

奉拝・札所

「つつしんで参拝させていただきました」の意味。参拝と書かれるお寺もあります。右上の朱印は札所霊場であることを示しています。

ご本尊名など

中央にはそのお寺のご本尊名や参拝した仏様の名前が浄書されます。阿弥陀仏を示す「無量寿」や、観音様を祀る本堂を意味する「大悲殿」など、寺院により墨書の内容はさまざまです。

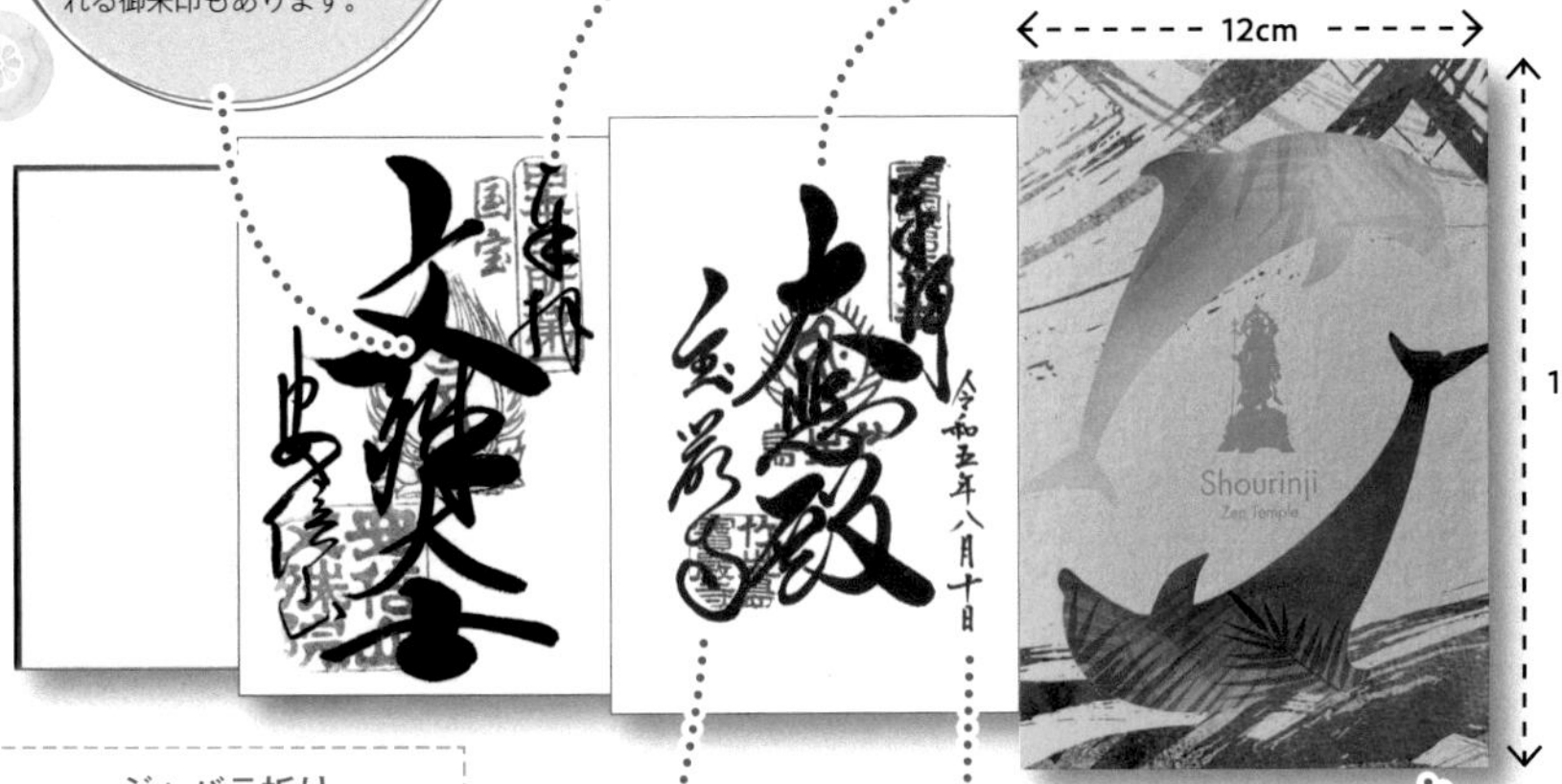

御朱印帳は「約16cmx11cm」が通常サイズとされます。「約18cmx12cm」の大判サイズを頒布するお寺も増えています。

ジャバラ折り

御朱印帳はジャバラ折りが基本。表だけ使っても、表裏使っても、使い方は自由です！

寺号と寺印

寺号はお寺の名前で、ここに山号と寺号両方が書かれることもあります。寺印は四角形が一般的ですが、円形や凡鐘形など変わった印もあります。

参拝した日にち

何年たっても、御朱印を見れば自分がいつ参拝したのか、すぐわかります。同時に日付を見るとその日の行動も思い出せるので、旅の記録にもなるでしょう。

※四国お遍路の納経印には一般的に日付は入りません。

表紙

オリジナルの御朱印帳を頒布しているお寺がたくさんあります。表紙には山門、伽藍、仏像、寺紋などをデザインすることが多いです。襖絵や寺宝、花手水や紅葉、歴史上の人物やゆるキャラなどそのお寺の象徴をモチーフにした御朱印帳もあります。

個性がキラリ

御朱印ギャラリー

御朱印は参拝の証であるだけではなく、仏様との仏縁を結んでくださるものです。墨書や印にお寺の個性があふれる御朱印の数々をご紹介します。

勝林寺 (京都)P.8、120

もはやアートといっても過言ではない「切り絵御朱印」。下は切り絵御朱印「雨と蛙」。雨音が聞こえてくるような涼しげなデザインです

切り絵御朱印「花火」

京都らしい季節の風景を表現した御朱印が大評判！ 新作ができるとSNSで告知されるので、見逃さないようにしましょう

切り絵御朱印「七夕」

切り絵御朱印「蛍」

切り絵御朱印「秋惜」

勝林寺の御朱印はオンラインで申し込むと郵送で授与していただけます

「五山吉祥天」

「大文字送り火」

柳谷観音（楊谷寺）

(京都)P.118

SNSで話題の花手水を切り絵御朱印で再現！ 時期により変わります。（1500円）

押し花朱印作りを体験！

楊谷寺では頂いた御朱印に押し花をあしらったオリジナル御朱印を作ることができます。毎月17日開催（要事前申込）

境内の四季の草花を描いた特別御朱印もあります。こちらは公式ホームページをチェック！

毘沙門堂 （京都）P.130

紅葉の名所として知られるお寺。御朱印の豊富さも京都屈指です。また、季節によって授与される限定御朱印もあります。毘沙門天のお供が「寅」であることから、寅にちなんだ御朱印も頂けます　※令和5年よりデザイン変更あり

お参りごとにアサガオがつぼみから花が咲いていく様子が描かれた御朱印。頂くのが楽しみになります

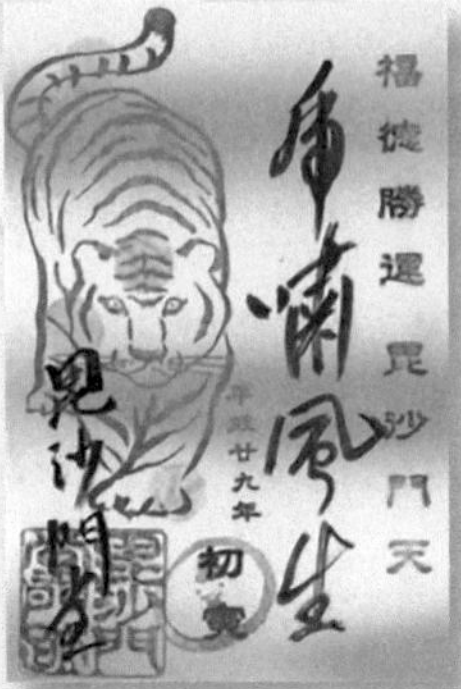

こちらは黒地に銀文字

1年の最初の寅の日に行われる「初寅大祭」では、「寅嘯風生」と書かれた「初寅」の日の御朱印が頂けます

吉祥天は毘沙門天の妻

春限定「吉祥天」の特別御朱印。金地と桜の花の地紋と吉祥天のお姿が色違いの２種類

随心院 （京都）P.79

六歌仙のひとり、小野小町ゆかりのお寺です。春と秋に授与される極彩色の限定御朱印が人気

随心院の梅を背景に

弁財天は「高台弁財天」と呼ばれ、豊臣秀吉のお母公が大坂城に祀っていたものだそうです

こちらも「初寅」の日に頂ける御朱印。「初寅」の文字に、福笹の印が押されています

宝蔵寺 (京都)P.103

伊藤若冲ゆかりのお寺は、通常御朱印以外にも工夫を凝らした限定御朱印が頂けます

2月8日前後の
寺宝展特別
御朱印

毎月7日縁日の八臂弁財天御朱印

11月は
紅葉と伊藤白歳の
「羅漢図」

金戒光明寺 (京都)P.78

「最初門」というのは法然上人が「浄土の真の教えを最初に広めた」という意味です

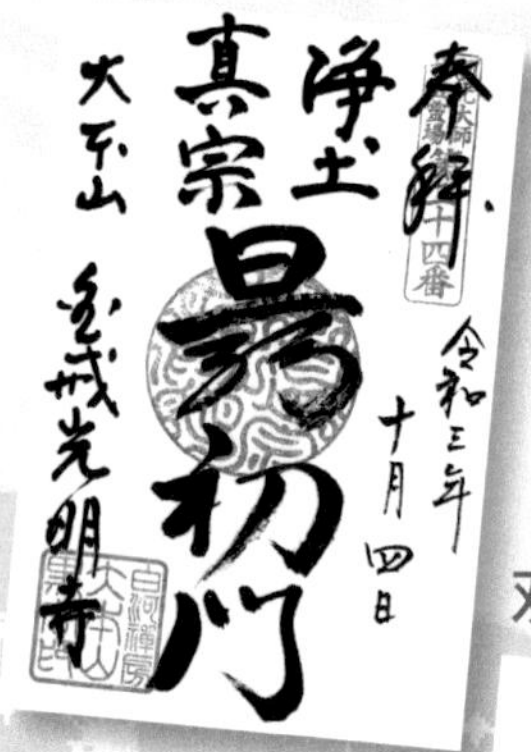

双林院 (京都)P.113

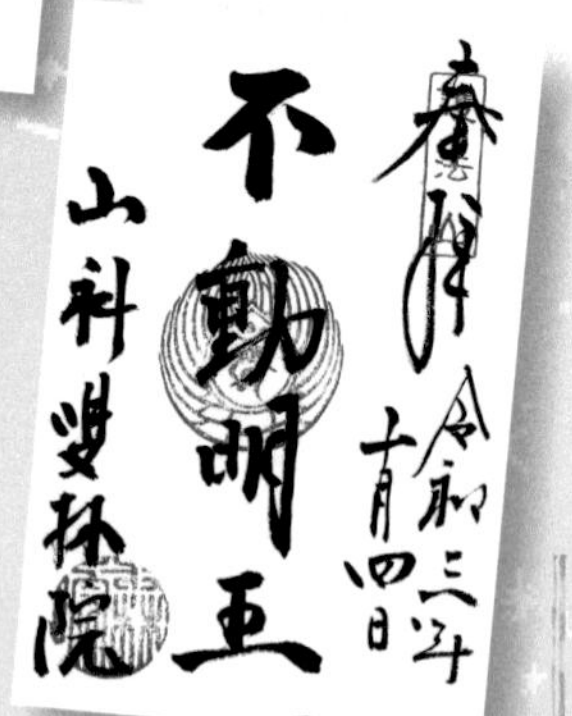

不動明王は、
不動堂に安置
されています

萬福寺 (京都)P.102

黄檗宗の大本山萬福寺。頂ける御朱印は3種類あります

萬福寺のシンボル
「魚梆(かいぱん)」
の御朱印

「韋駄天」は毎月2·12·22日限定。右は布袋尊の黄金バージョン

「韋駄天」と「魚梆(かいぱん)」は萬福寺ならではの御朱印

ご本尊は
十一面
観世音菩薩

長谷寺 (奈良)P.51

奈良県屈指の古刹は見どころいっぱいですが、御朱印も通常御朱印のほかに限定や切り絵など種類がたくさんあります

源氏物語に長谷寺が登場する場面を描いた色鮮やかな切絵御朱印です。令和6年1月1日～12月31日限定頒布

不退寺 (奈良)P.107

ご本尊は「聖観音」。見開きの「五大力尊」の御朱印は、左に大威徳明王が描かれています。五大力尊とは五大明王のこと

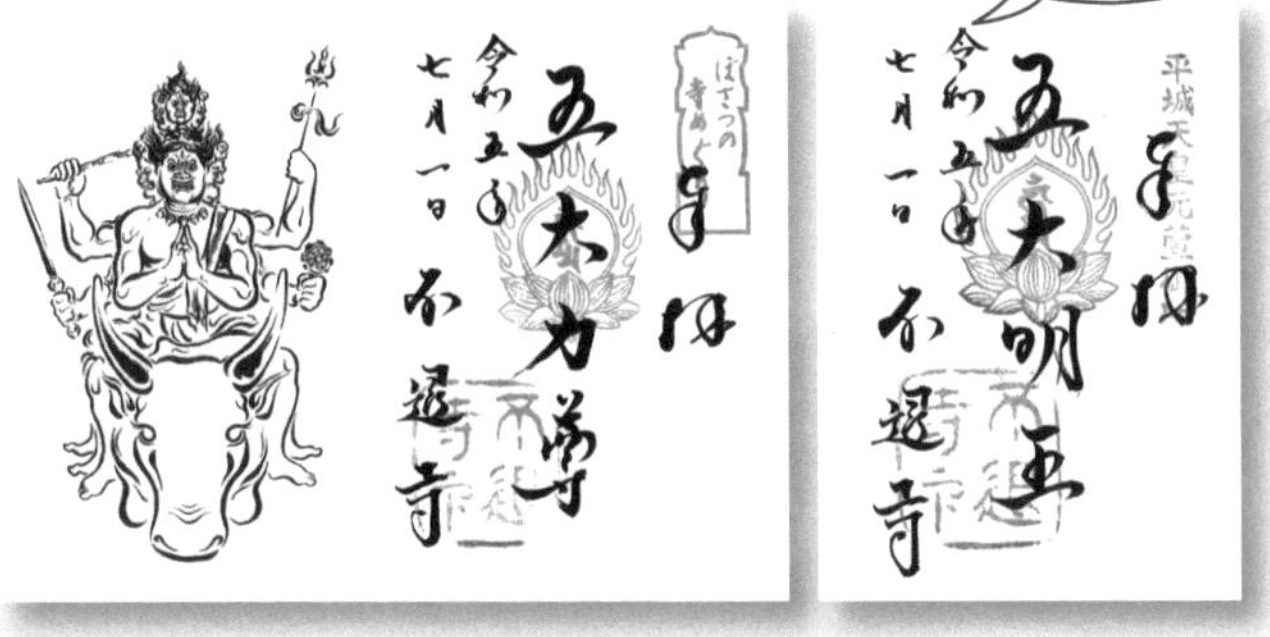

重要文化財
「五大明王」の
御朱印

美しい切り絵の
御朱印

飛鳥寺 (奈良)P.97

ご本尊は法隆寺の釈迦三尊像を作った「止利仏師」の作。御朱印に書かれた「丈六」とは一丈六尺の略で、仏像の大きさが約4.8mであることを表します

新西國第9番の
御詠歌

唐招提寺 (奈良)P.95

金堂におられるご本尊の盧舎那仏の左に安置されています。こちらも国宝の千手観音菩薩の御影の御朱印です

書き置きでの
授与です

金峯山寺 （奈良）P.10

役行者が開いたと伝わるお寺。今も修験道の聖地として修行者でにぎわいます

蔵王堂の切り絵御朱印

本堂の蔵王堂のほかにも、愛染堂で「愛染明王」、観音堂で「十一面観音」の御朱印が頂けます

ご本尊御開帳時限定の紺紙金泥御朱印

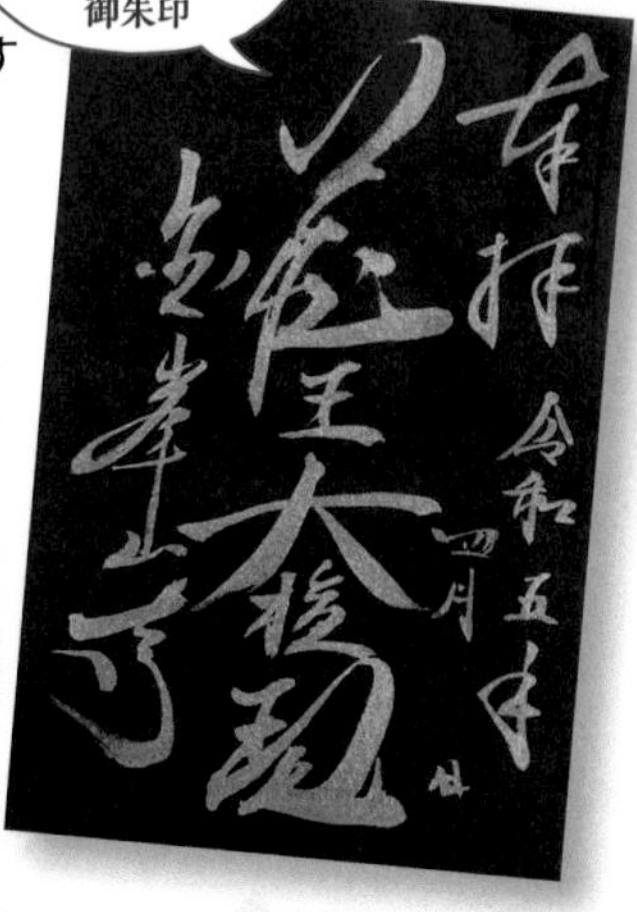

安倍文殊院 （奈良）P.131

安倍文殊院は日本三大文殊のひとつ。限定御朱印については公式ホームページで確認できます

弁財天大祭で頂ける十二天の期間限定御朱印

薬師寺 （奈良）P.122

大伽藍をもつ薬師寺には仏像も多く、限定御朱印も随時授与されます。伽藍の公開や催事などのタイミングを見逃さないようにしましょう

薬師寺の国宝、日本最古の「仏足石」の御朱印。「南無佛」と書かれています

文殊菩薩は卯年（うさぎ年）の守り本尊 桜の木の四季の変化を見ているうさぎです

新うさぎ春

新うさぎ夏

新うさぎ秋

新うさぎ冬

室生寺（奈良）P.124

女人高野として知られる室生寺では数多くの御朱印を頒布しています。御朱印は本堂や奥の院で頂くことができます

悉知院とは室生寺の本堂である潅頂堂のこと

西国四十九薬師霊場第6番の薬師如来

役行者霊蹟札所の御朱印。神変大菩薩とは役行者のこと

奥之院の御朱印は高野山を開いた弘法大師

如意輪観音が持つ如意宝珠は意のままに願いを叶える宝

西明寺（滋賀）P.14

紅葉の絶景で有名な湖東三山の名刹、西明寺。ご本尊薬師如来の御朱印のほかに、十二神将の御朱印が頂けることで知られています

十二神将辰年の限定御朱印

生まれた年の守り仏である十二神将の御朱印はいつでも頂けます。ちなみに頞儞羅（アニラ）大将は辰年の守り本尊。2024年は紺地金泥です

金剛寺（大阪）P.52

伊勢和紙を使った枝垂桜の刺繍御朱印（上）。見開きの切り絵御朱印（下）もきれいです

三井寺（滋賀）P.75

西国三十三所の第14番札所です。境内の観音堂からは、すばらしい展望を望むことができます

「大悲殿」は観音様のおられる場所

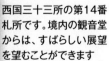

圓光大師とは
法然上人のこと

勝尾寺

（大阪）P.129

西国三十三所の第23番札所であり、二階堂が法然上人二十五霊場第5番札所でもあります

二階堂は納骨堂。法然上人が2年間滞在していたそうです

四天王寺

（大阪）P.57

四天王寺ではなにわ七幸めぐりをはじめ、多くの巡礼の御朱印を頂くことができます

「聖徳太子」の文字で
どことなくうれしくなる

右上の印には「大日本佛法最初」とあります

道明寺

（大阪）P.53

聖徳太子が開基したと伝わる道明寺。太子にちなんだ御朱印が頂けます

施無畏閣とは観世音菩薩を祀ったお堂のこと。木櫁樹（もくげんじゅ）とは境内に自生し大阪府が天然記念物とする植物です

御詠歌の御朱印！

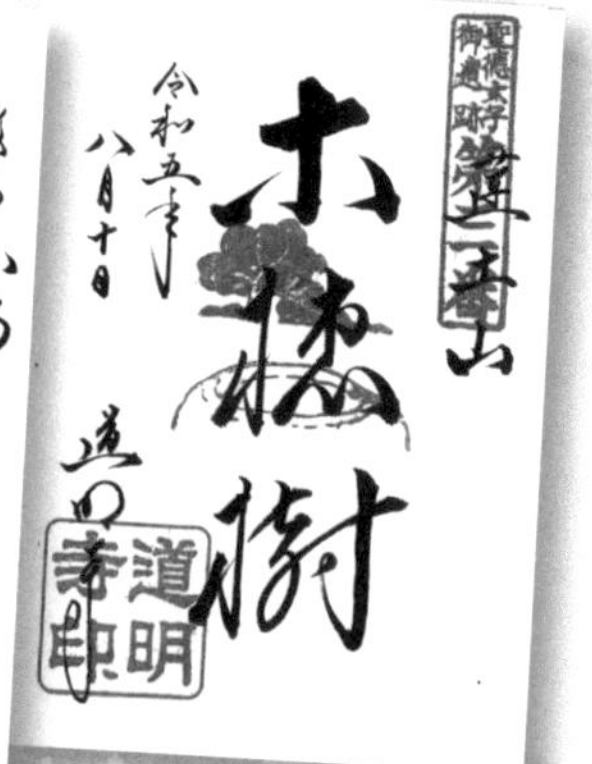

中山寺 （兵庫）P.55

安産祈願のお寺で有名。本文（P.55）の御朱印は西国三十三所のもの。見開きの特別限定御朱印もあります

こちらは
真言宗十八本山の
御朱印

右上に
「弘法大師御母公」
の印

慈尊院

（和歌山）P.125

空海（弘法大師）の母（玉依御前）が長い間滞在していたという慈尊院。そのお姿を描いた御朱印が頂けます

救馬溪観音 （和歌山）P.140

救馬溪観音のご本尊である馬頭観音の御朱印と、不動堂にお祀りされている不動明王の御朱印

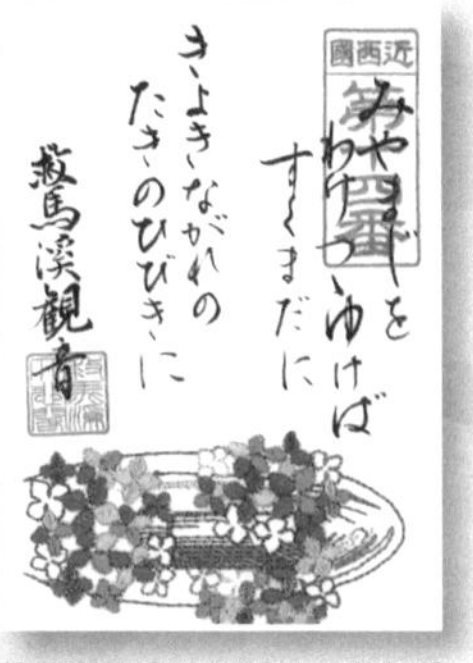

救馬溪観音はアジサイの名所のためアジサイを刺繍した御朱印を頂けます

美しい花手水が目をひく山号特別御朱印

救馬溪観音の「あじさい曼荼羅園」は県下最大のあじさい園。その切り絵御朱印

真善寺 （三重）P.134

「御朱印そのものより、書かれた言葉が大切」という思いで、真善寺ではフェイスブックで言葉の説明をしています

心に残る言葉が
見開きに

季節に合わせた限定御朱印が、年間で6種類ほど授与されます。こちらは公式ホームページをチェック！

「かえるくん」の
笑顔にほっこり

言いたいことは
言うぞ！

前を向く気持ち

「なもあみだぶつ」
に囲まれて

ファースト御朱印帳をゲットしよう!

御朱印を頂きにさっそくお寺へ!
その前にちょっと待って。
肝心の御朱印帳を持っていますか?
まずは1冊、用意しましょう。

1 あなたにとって、御朱印帳は思い入れのある特別なもの

御朱印はあなたと仏様とのご縁を結ぶ大事なもの。きちんと御朱印帳を用意して、御朱印を頂くのがマナーです。御朱印帳はユニークでかわいい表紙のものがいっぱいあるので、御朱印帳を集めることも楽しいでしょう。御朱印帳が御朱印でいっぱいになって、何冊にもなっていくと、仏様とのご縁がどんどん深まっていくようでとてもうれしいものです。御朱印には日付が書いてありますから、御朱印帳を開くと、参拝した日の光景を鮮明に思い出すこともできるでしょう。

2 御朱印帳は、お寺はもちろん文具店やネットでも入手できます

どこで御朱印帳を入手すればよいのかを考えると、まず、思い浮かぶのはお寺。本書で紹介している多くのお寺でも、お守りなどを頒布している授与所で御朱印帳も頂くことができます。ファースト御朱印と同時に、そのお寺の御朱印帳を入手するとよい記念になりますね。お寺以外で御朱印帳を入手できるのは、和紙などを扱っている大きな文房具店やインターネット通販。自分が行きたいお寺に御朱印帳がないようなら、こうした取扱店であらかじめ入手しておきましょう。最近は御朱印帳を手作りするのも人気です。

3 御朱印帳を手に入れたらまず名前、連絡先を書き入れます

御朱印帳を入手したら、自分の名前、連絡先を記入しましょう。お寺によっては参拝前に御朱印帳を預け、参拝の間に御朱印を書いていただき、参拝後に御朱印帳を返してもらうところがあります。混雑しているとき、同じような表紙の御朱印帳があると、自分のものと間違えてほかの人のものを持ち帰ってしまう……なんてことも。そうならないよう裏に住所・氏名を記入する欄があれば記入しましょう。記入欄がなければ表紙の白紙部分に「御朱印帳」と記入し、その下などに小さく氏名を書き入れておきます。

4 カバーを付けたり専用の入れ物を作ったり、大切に保管

御朱印帳は持ち歩いていると表紙が擦り切れてきたり、汚れがついたりすることがしばしばあります。御朱印帳をいつまでもきれいに保つためにカバーや袋を用意することをおすすめします。御朱印帳にはあらかじめビニールのカバーが付いているものやお寺によっては御朱印帳の表紙とお揃いの柄の御朱印帳専用の袋を用意しているところがあります。何もない場合にはかわいい布で御朱印帳を入れる袋を手作りしたり、カバーを付けたりしてはいかがでしょう。

わたしにピッタリ♪の
御朱印帳って
どんな御朱印帳
なのかな?

収集欲を刺激される！

御朱印帳コレクション

ご本尊やお堂、寺宝など、お寺にまつわるモチーフを取り入れたオリジナル御朱印帳をご紹介。格調高い上品なものから、ポップでカラフルなものまで、個性とこだわりが詰まった1冊ばかりです。

海をイメージした、2023夏限定片面タイプです

勝林寺（京都）P.8、120

ご本尊の毘沙門天をはじめとするさまざまな仏像や、季節・干支などをモチーフにした期間・数量限定の御朱印帳がたくさんあり、訪ねるたびに新しいデザインの御朱印帳と出合えます

頂法寺（京都）P.78

菊の花と、六角形の中に「堂」の文字が書かれた金色の紋がちりばめられた御朱印帳。赤と青の2色あります（各1200円）

不滅の法灯は「油断」という言葉の語源という説も

延暦寺（滋賀）P.64

表紙には、開創以来1200年以上も絶えず油を注いでともし続けられている「不滅の法灯」が金糸で描かれています（1500円）

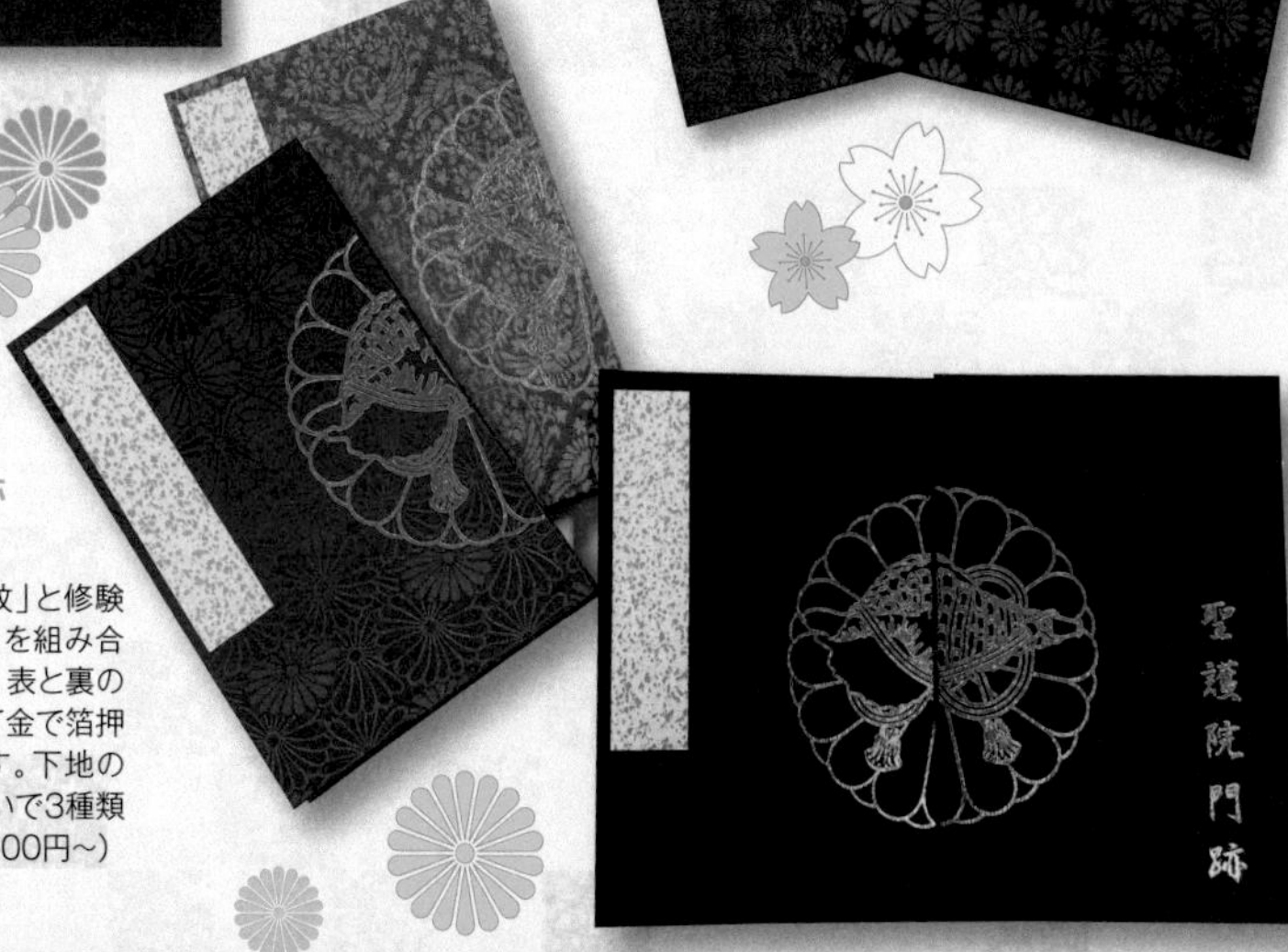

聖護院門跡

（京都）P.88

天皇家の「菊紋」と修験道の「法螺貝」を組み合わせた模様が、表と裏の両面にわたって金で箔押しされています。下地の色や文様の違いで3種類あります（各1500円〜）

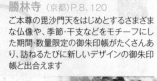

毘沙門堂 (京都)P.130

樹齢150年以上と伝わる枝垂桜「毘沙門しだれ」や、見渡す限り赤で染まるモミジの名所として知られることから、桜やモミジをモチーフにした御朱印帳が多数あります(2000円～)

カラー

鞍馬寺 (京都)P.87

白銀の下地にあしらわれた寺紋は、鞍馬天狗を象徴する羽団扇にも見えますが、実は横から見た菊の花。金糸で文字を入れた、上品なデザインです(1700円)

青蓮院門跡 (京都)P.62

寺号にちなんだ青い蓮池や、国宝の青不動の背後に燃え上がる迦楼羅炎(かるらえん)がデザインされています。見開きにすると、迫力がアップ!(各1100円)

清水寺 (京都)P.54

紅葉の海に浮かぶ清水の舞台を淡い色使いで表現したものや、金箔押しの仏足石など、オリジナリティあふれる御朱印帳が充実しています(各1650円)

紅葉シーズンには境内に植えられた約1000本のモミジが色づき、夜にはライトアップや夜間特別拝観も行われます

仏がもつ11の徳に
なぞらえた模様が
描かれています

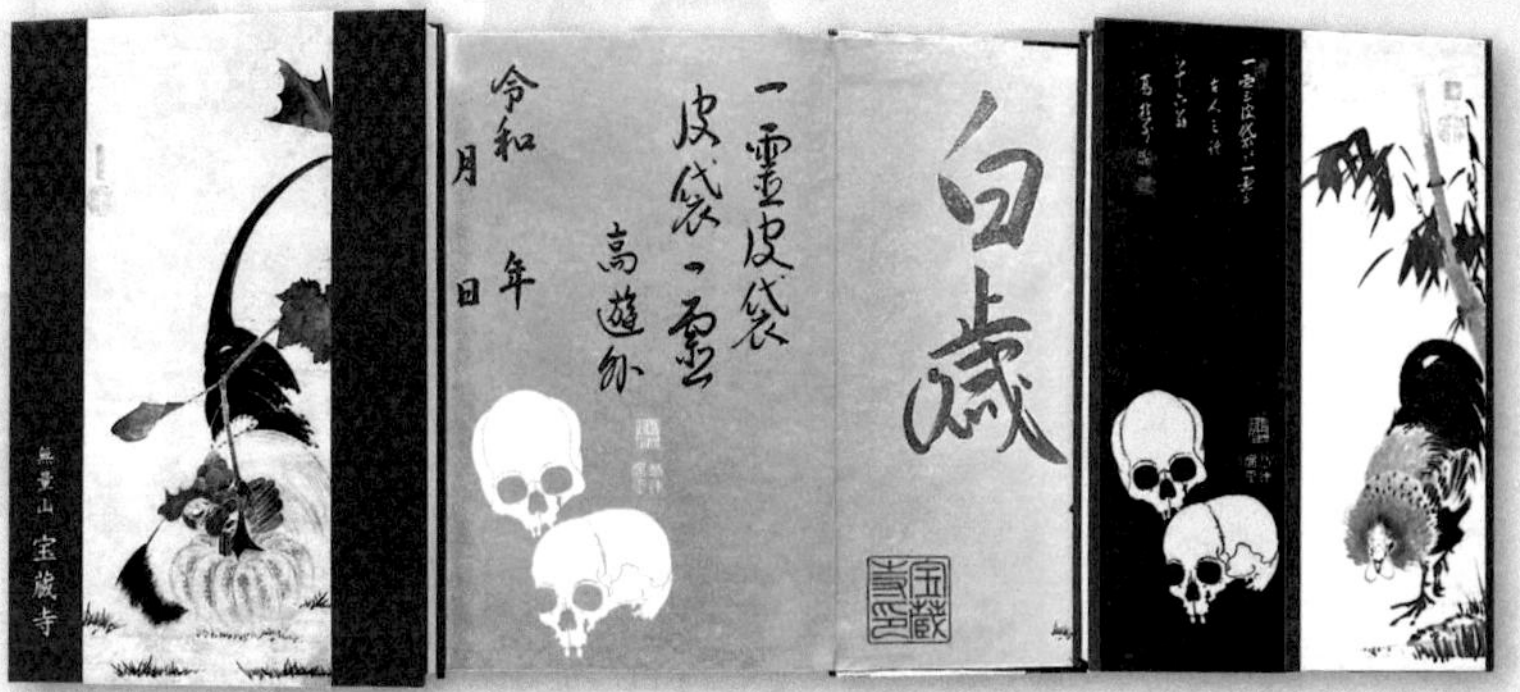

宝蔵寺 （京都）P.103

寺宝である天才絵師・伊藤若冲や、若冲派と称される江戸時代の画家たちの作品をモチーフにしたアート性の高い御朱印帳です

御朱印帳の
最初のページに
特別印が入ります

表面に伊藤若冲の『髑髏図』と『竹に雄鶏図』、裏面に若冲の弟・伊藤白歳が描いた『南瓜雄鶏図』が配され、それぞれの卓越した描写力を堪能できます（2200円）

保存用に
便利です♪

書き置き用の御朱印帳（1500円）

表面は伊藤若冲の弟子・若啓筆『鯉図』、裏面には若冲と親しかった表具師・松本奉時の『大黒天図』。ユニークな表情が対になっています（2500円）

仁和寺 （京都）P.77

皇室のみが使用を許された菊紋を表紙に配した御朱印帳は、皇室と関係の深い門跡寺院ならでは。朱と紺色の2色あります（各1400円）

表紙には遅咲きの御室桜が咲く二王門、裏には絶景スポットと名高い御室桜越しの五重塔が刺繍されています（1200円）

平等院 （京都）P.86

鳳凰堂が金糸で刺繍された紺色の御集印帳は、見開きにすると建物の全貌が現れます。白地の御集印帳には、鳳凰堂内を彩る宝相華唐草文様と鳳凰が描かれています（各1500円）

画像提供：平等院

宝相華を
モチーフにしたグッズも
たくさんあります

木魚の原形になった法具です

萬福寺 （京都）P.102

表紙に箔押しされているのは、斎堂前の回廊につされている魚梆（かいぱん）で、時刻を知らせるための魚板です。色はブラック・ベージュ・グリーンの3種類あります（各1800円）

大覚寺 （京都）P.85

日本三大名月観賞地である大沢池に浮かぶ龍頭舟、宸殿の牡丹の間を飾る襖絵・牡丹図、正寝殿の腰障子に描かれた野兎図といった、大覚寺の見どころや文化財がモチーフになっています（龍頭舟・牡丹図各2100円、野兎図1800円）

秋の行事「観月の夕べ」で、龍頭鷁首舟が大沢池に浮びます

野兎図

野兎図は時の幼い門跡（住職）のため、渡辺始興によって愛らしくも躍動感のあるうさぎが描かれた重要文化財です（通常非公開）

龍頭舟

牡丹図

醍醐寺 （京都）P.84

平安時代から桜の名所として知られる、京都の「さくら名所100選」のひとつです。国宝の五重塔は枝垂れ桜に囲まれており、その様子が刺繍で表現されています（1700円）

金戒光明寺（京都）P.78

運慶作と伝わる渡海文殊形式の文殊菩薩像が、パステルカラーで描かれています。文殊菩薩は知恵を授ける仏様といわれ、学業成就を願う方にもおすすめの1冊です（2000円）

文殊菩薩像は御影堂に安置されています

黒地に桜の御朱印帳は、夜桜を表現

東寺（教王護国寺）（京都）P.76

「不二桜」と呼ばれる八重紅枝垂れ桜で有名な東寺では、桜模様の御朱印帳のラインアップ。表紙に寺紋の八雲と「京都 東寺」の文字が金色で箔押しされています（各1800円）

西教寺（滋賀）P.73

ポップな「GOZARU集印帳」は、西教寺で神の使いとして信仰されている護猿を愛らしくアレンジしたもの。水色の「三羽雀集印帳」には、西教寺の寺紋が大きくあしらわれています（GOZARU集印帳1760円、三羽雀集印帳2200円）

真善寺（三重）P.108

合掌する「ほうえん君」が描かれた御朱印帳は、御朱印を通じてご縁を頂くという意味から「御法縁帳」と名づけられています（冥加はお気持ちで）

西明寺（滋賀）P.14、68

表紙の三重塔や本堂は、いずれも釘を1本も使用せず建てられた国宝建造物です。鈴鹿山脈を背景に堂々と立つ姿が刺繍されています（各1000円）

三重塔は本堂向かって右手の一段高くなったところに建っており、本堂が表紙になった御朱印帳の裏表紙には、その位置になぞらえた場所に三重塔があります

室生寺 （奈良）P.124

紺色の御朱印帳には、国宝の五重塔とシャクナゲが刺繍されています。十一面観音の特徴的な光背をモチーフにした御朱印帳は、女人高野ならではの鮮やかな色合い（各1200円）

裏面には山号「宀一山」の文字が入っています

龍村美術織物が作成した「室生寺錦」を使用した御朱印帳で、霊山を背景に建つ五重塔とシャクナゲが織り込まれています（3000円）税別

唐招提寺 （奈良）P.95

宝蔵に眠っていた8世紀に中国でつくられたといわれる最古のレースを模した「方円彩糸花網」と、同じく宝蔵から見つかった古い布を模した「紙裁文紋様」。いずれもオリエンタルな美しいデザインが特徴的です（各1500円）

紙裁文紋様

方円彩糸花網

安倍文殊院 （奈良）P.131

表紙に印画されているのは、純粋で愛らしい表情がかわいいと仏像ファンを虜にしている国宝の善財童子像。赤色のほか、黒、紫の全3色あります（1000円）

長谷寺 （奈良）P.51

399段の長い登廊の周りには桜・アジサイ・ボタン・モミジなどがあり、「花の御寺」と呼ばれる長谷寺。その風光明媚な四季が刺繍で華やかに表現されています（2000円）

四天王寺 （大阪）P.57

四天王寺が所蔵する「四天王寺図屏風」（17世紀）の西側部分を御朱印帳に。見開きにすると屏風図がつながります（1500円）

金峯山寺

（奈良）P.10

金峯山寺は世界文化遺産「紀伊山地の霊場と参詣道」の構成遺産のひとつで、その霊場巡り専用御朱印帳を取り扱っています（2000円）

中のページも含め、すべて木製です

紀三井寺 （和歌山）P.134

関西一の早咲きの桜で知られ、本堂前には和歌山地方の開花宣言を行う基準となる標本木があります。御朱印帳の表紙は本堂、裏表紙は多宝塔です（1300円）

観心寺 （大阪）P.52

KANSHINJI PROJECTがデザインした御朱印帳。表紙には国宝 本尊如意輪観音菩薩、裏表紙には北斗七星が印刷されており、清浄な空気感をまとっています（1500円）

救馬渓観音 （和歌山）P.140

ご本尊の馬頭観世音菩薩を配した御朱印帳や、救馬渓観音のシンボル「馬」と「アジサイ」を描いた御朱印帳があります（御本尊御影御朱印帳3000円、御朱印帳 馬1800円）

神峯山寺 （大阪）P.90

神峯山寺の毘沙門天は、本堂に横ではなく縦に三体安置されており、この三体すべてがご本尊です。その中のいちばん奥、内内陣に祀られている兜跋毘沙門天が表紙になっています

漆黒に浮かぶ毘沙門天がかっこいい!

＼デビュー前に教えて！／

もっと知りたい御朱印Q&A

御朱印に関するマナーから素朴なギモン、御朱印帳の保管場所、御朱印帳を忘れたときのことまで、デビューの前に知っておきたいことがいろいろあるはず。御朱印の本を制作して15年以上の編集部がお答えします。

Q この本で紹介しているお寺でしか御朱印は頂けませんか？

A 本書に掲載していないお寺でも頂けます

ただし、僧職や寺務所の方が常駐しているお寺の場合で、僧職がいても御朱印を授与しないお寺もあります。浄土真宗のお寺は基本的に御朱印を頒布していません（参拝記念として巡拝印や法語印を頂ける浄土真宗のお寺もあります）。

Q ひとつのお寺に複数御朱印があるのはなぜですか？

A 複数の仏様をお祀りしているからです

ご本尊のほかに、ご本尊と関係が深い仏様など、さまざまな仏様を境内にお祀りしているお寺ではご本尊以外の御朱印も頒布するところもあります。いずれにせよ、参拝を済ませてから、授与所（寺務所）で希望の御朱印を伝えて、頂きましょう。

Q 御朱印を頂く際に納める志納料（お金）はどのくらいですか？ また、おつりは頂けますか？

A ほとんどが300円。小銭を用意しておきましょう

ほとんどのお寺では300～500円ですが、限定御朱印など特別な御朱印ではそれ以上納める場合もあります。おつりは頂けます。とはいえ、1万円や5000円を出すのはマナー違反。あらかじめ小銭を用意しておきましょう。「お気持ちで」という場合も300～500円（見開きならば1000円）を目安にしましょう。

Q ジャバラ式の御朱印帳ではページの表裏に書いてもらうことはできますか？

A 裏にも書いていただけます

墨書や印などが裏写りしないような厚い紙が使用されているものであれば、裏にも書いていただけます。

御朱印を書いてほしいページを開いて渡しましょう

Q 御朱印帳の保管場所は、やはり仏壇ですか？

A 本棚でも大丈夫です

大切に扱うのであれば保管場所に決まりはありません。本棚、机の上など、常識の範囲でどこでも大丈夫です。ただし、なるべく清潔で、自分の頭より高い場所に置くことを心がけましょう。

Q 御朱印帳を忘れたら？

A 書き置きの紙を頂きます

たいていのお寺にはすでに御朱印を押してある書き置きがあります。そちらを頂き、あとで御朱印帳に貼りましょう。ノートやメモ帳には書いていただけません。

Q 御朱印を頂くと御利益がありますか？

A 仏様を身近に感じられます

仏様とのご縁が結ばれたと思ってください。御朱印を通し、仏様を身近に感じ、それが心の平穏につながれば、それは御利益といえるかもしれません。

Q 御朱印はいつでも頂けますか？すぐ書いていただけますか？

A 9:00〜16:00の授与が一般的

授与時間は9:00〜16:00のお寺が多いです。本書では各お寺に御朱印授与時間を確認し、データ欄に記載しているので、参照してください。小さなお寺では、法要などで僧職が不在となり頂けない場合もあります。また、混雑した場合は待ち時間が長くなります。アートな御朱印を直書きしていただけるお寺では、参拝後に受付のみを行い、御朱印帳は後日郵送となる場合もあるので、事前に確認しましょう。

Q 御朱印帳はお寺と神社では別々にしたほうがいいですか？

A 分けたほうがベターです

特に分ける必要はないとされていますが、一部のお寺では神社の御朱印帳には書いていただけないこともあります。また、日蓮宗では「御首題帳」という専用の御朱印帳があり、御首題帳には「南無妙法蓮華経」と浄書されますが、一般的な御朱印帳には書いていただけないか、「妙法」としか墨書しないお寺もあります。

Q 御朱印を頂くときに守りたいマナーはありますか？

A 必ず参拝し、静かに待ちましょう

御朱印はあくまでも参拝の証。必ず参拝し、書いていただく間は飲食や大声でのおしゃべりは慎みましょう。参拝後に御朱印をお願いするのが基本ですが、境内が広大だったり、浄書に時間がかかるお寺では、参拝前の御朱印受付が推奨される場合もあります。

Q 御朱印を頂いたあと、話しかけても大丈夫ですか？

A 行列ができていなければ大丈夫です

行列ができているときなどは避けましょう。しかし、待っている人がいないときなどには、御朱印やお寺のことなどをお尋ねすると答えてくださるお寺もあります。

Q 御朱印ビギナーが気をつけることは？

A 自分の御朱印帳かどうか確認を！

書いていただいたあと、戻ってきた御朱印帳をその場で必ず確認すること。他人の御朱印帳と入れ替わり自分の御朱印帳が行方不明……ということもあるので気をつけましょう。

お作法講座

いざ！御朱印を頂きに

正しい参拝の仕方、御朱印の頂き方をマスターしておきましょう。仏様は一生懸命、祈願する人を応援してくださいます。難しく考えずに、こちらに書いてある最低限のマナーさえおさえればＯＫ！　きちんと参拝すると背筋が伸びて、気持ちもピシッとしますよ。

1 山門で一礼

山門は寺院の正式な玄関になります。かつて寺院は山上に建てられることが多かったので山門と書くようになりました。禅宗寺院では悟りにいたる三解脱門が境内への入口とされ、三門と書くこともあります。いずれにせよ、玄関に当たるのですから、くぐる前に一礼します。

2 境内を歩いて本堂へ

山門から境内を歩いて本堂に向かいます。バタバタ走らず、静かにゆっくり歩いて心を穏やかにしましょう。何かを食べながら歩くのは厳禁です。

3 手水舎で清める

手水舎で手を洗い、口をすすぎ、身を清めます。手の洗い方は右手で柄杓を持ち、左手を洗い、次に左手で柄杓を持ち、右手を洗います。口をすすぐときには水を手に取ってすすぎます。最後に柄杓に水を入れ、柄杓を立てて水を柄杓の柄に流し、柄杓を清めます。

4 常香炉にお香を立てる

本堂で参拝する前にお香を供え、お香の煙を浴びて心身を清めます。

5 お賽銭を投じる

本堂に到着したら、参拝する前にお賽銭を賽銭箱に投じます。また、入口に納経できる箱などが置かれていたら、ここに写経を納めます。箱がなければ御朱印を頂くときに受付で納経します。

6 合掌して祈る

本尊に合掌して読経します。読経は「般若心経」などを、声に出さなくても心のなかに念じるだけでかまいません。参拝の行列ができていたら、少し脇によけ、読経しましょう。

7 最後に一礼

本尊前から去るときには一礼します。

8 御朱印を頂く

本堂での参拝を済ませたら、御朱印を頂きに行きましょう。御朱印は「納経所」「授与所」「御朱印受付」「寺務所」などと表示してある場所で頂きます。御朱印帳を渡すときには書いてほしいページを開いてお願いします。

頂きました！

撮影地：神光院

お寺の基本

お寺ってどんな場所？　神社と何が違うの？
意外と知らないお寺や仏教について、やさしくお伝えします！

開運さんぽに行く前におさえておくべき！

協力：公益財団法人仏教伝道協会

仏教ってどんな宗教？

約2500年前、古代インドに生まれた釈迦は現実世界を「苦」であると見極め、乗り越える道を示しました。日常生活に存在する迷いや苦しみから目をそらさず、それらを正しく見つめ、「今を生き抜く」ための智慧へと転じ、悟りを開くことが釈迦の教え。その教えによって、心が救われ、安らぎを得て、幸せに導かれるのです。現在、仏教は世界三大宗教のひとつといわれ、東南アジアや東アジアで盛んに信仰されています。

お寺の始まり

仏教はインドの釈迦が紀元前5世紀頃に開いた教えですが、その頃には寺院も仏像もありません。釈迦の教えを理解する修行の場があるだけでした。釈迦が亡くなると遺骨は仏塔（ストゥーパ）に納められ、それが信仰の対象になっていきます。日本に仏教が伝わったのは6世紀以降。その頃、仏教は外国の最新文化として知られ、大陸から経典や仏像がもたらされました。奈良時代には興福寺や東大寺など、権力者が五重塔など仏塔を築き、伽藍を建立。これが、日本におけるお寺の始まりです。

＼仏教の歴史年表／

インド	▶紀元前5世紀 仏教が誕生	▶1世紀～ 大乗経典（般若経等）が成立	▶7世紀 密教が生まれる
中国	▶1世紀～ 西域より仏教が伝来。4世紀以降、鎮護（ちんご）国家の宗教として、受け入れられる	▶6世紀～ 隋・唐の時代、仏教が成熟し、多くの宗派が誕生する。7世紀にはインドで生まれた密教も伝来	▶7～13世紀 唐から宋の時代にかけて、禅宗が誕生。また、道教などと仏教が融合しながら、民間へ発展
日本	▶538年頃 朝鮮半島の百済国から仏教が伝来。国家仏教として信仰される	▶8世紀～ 唐代の中国で仏教を学んだ最澄と空海が新しい仏教を展開。平安時代後半には浄土教の教えも広まった	▶13～16世紀 鎌倉時代に現在の主要宗派が次々誕生。鎌倉時代から室町時代にかけて、禅宗も発展

神社とお寺の違いは？

大きな違いは、神社が祀っているのは日本古来の神様、お寺が祀っているのはインドから中国を経由して日本に伝わった仏様です。仏教が伝わったのは6世紀ですが、10世紀頃には神様と仏様は一緒であるという神仏習合《しんぶつしゅうごう》の考え方が生まれます。そして明治時代になり、神様と仏様を分ける神仏分離令《しんぶつぶんりれい》が出されました。

お線香はなぜ、たくの？

お線香は香料を線状に練り固めたもので、江戸時代初期に中国から伝来したとされます。参拝のとき、お線香を立てるのはその香りで穢れや邪気を祓い、自分自身を清める意味があります。なお、お線香のマナーは宗派によって異なりますので、注意しましょう。

住職はどういう人？

住持職を省略した呼び名で、そのお寺に住み込んで管理や運営をする僧侶をいいます。お寺が宗教法人であれば代表役員になります。宗派により、呼び名が異なることもあり、曹洞宗では方丈といいます。僧侶の敬称ですが、高位の僧には上人、聖人、大師、阿闍梨、仏門に入った天皇や武士に対しては入道などがあります。

お経とは？

釈迦の教えを弟子たちがまとめて記録し、誰もが読んで唱えられるようにしたのがお経です。その内容は釈迦の教えになり、8万もの種類があるとされます。代表的なお経は「般若心経」で一切にこだわらない「空」の境地を説いています。浄土の様子を説く「阿弥陀経」、観音信仰を説く「観音経」、釈迦を信じれば至福の道が開けるという「法華経」などがあります。

国によって異なる宗派

仏教はモンゴルなどの国にチベット仏教、東南アジアの国々に上座部仏教、日本や韓国に大乗仏教が広がっています。釈迦の教えはひとつですが、教え方や何に重きをおくかにより、宗派と経典が異なります。

お寺めぐりを
もっとディープに楽しむために

知っておきたい お釈迦様と仏像

仏教の開祖、お釈迦様。さまざまな出来事を経て、悟りを開いた釈迦の足跡をたどれば、その教えをよりいっそう理解できるでしょう。信仰の対象である仏像についても、種類や特徴について頭に入れておけば、お寺めぐりがより楽しくなるはず！

釈迦？ ブッダ？ 同一人物です

仏教の開祖は釈迦ですが、その呼び名は複数存在します。悟りを開く前の名前が「ゴータマ（ガウタマ）・シッダールタ」。シッダールタはその後、悟りを開くと「釈迦」あるいは「釈尊」と呼ばれるようになります。悟りを開いたあとは「仏陀（ブッダ）」とも呼ばれます。また釈迦を仏として敬い「如来」という呼び方もあります。

参拝前に知っておきたい！ 釈迦の教えのキホン4

厳しい修行をしなくても、釈迦の教えは日常で実践できるものばかり。基本的な内容をお伝えします。

1 縁起（因果）

すべての物事は互いに関わり合い、原因と結果の関係でつながるという考え。

2 中道

両極端なものの見方を離れて、バランスの取れた生き方をすること。

3 四諦※1

苦から解放されるための4つの認識のこと。「諦」とは真理のことをいいます。

4 三法印

仏教が大切にしている3つの真理（諸行無常※2、諸法無我※3、涅槃寂静※4）のこと。

※1【四諦】生きることは苦しみがあるということ（苦諦）、その苦しみは煩悩が原因であること（集諦）、煩悩を消すことで苦しみが滅するという真理（滅諦）、その安らぎにいたるには八正道※5という正しい道を歩まないといけないということ（道諦）　※2【諸行無常】すべてのものは移り変わる

※3【諸法無我】すべてのものにおいて「私」とか「私のもの」という実体はない　※4【涅槃寂静】煩悩が消えた悟りの境地は安らぎの境地である

※5【八正道】①正見（正しいものの見方）　②正思惟（正しい考えをもつ）　③正語（正しい言葉を使う）　④正業（正しい行いをする）　⑤正命（正しい生活を送る）　⑥正精進（正しい努力をする）　⑦正念（正しい自覚をもつ）　⑧正定（正しく精神を統一する）

ライフステージで学ぶ！ 釈迦の一生

恵まれた環境で生まれ育った王子が、なぜ悩み、修行の道を選んだのか？ 釈迦の人生にはどんなことが起こったのか、たどってみましょう。

0歳
紀元前5世紀頃

シッダールタ誕生

今から約2500年前、釈迦の母親は白い象が右脇からおなかに入る夢を見て、妊娠に気づきました。4月8日、釈迦は母の右脇から生まれ、右手で天を、左手で地を差し「天上天下唯我独尊（てんじょうてんげゆいがどくそん）」と言いました。「人は生まれながらにして尊い」という意味といわれます。

POINT! 釈迦が生まれたときの名前はシッダールタ。誕生日には世界中の仏教施設で釈迦の誕生が祝われ、日本では「花まつり」という行事が行われます。

29歳

裕福に暮らすものの苦悩し出家

釈迦は、ヒマラヤ山脈の麓にある城の王子として不自由のない生活を送っていましたが、常に「生き物はなぜ苦しみや悲しみから逃れられないのだろう」と思い悩み、苦しみから解放される方法を探すため、華やかな生活を捨て、29歳で出家しました。

POINT! 繊細で感受性が豊かな釈迦は、恵まれた環境にいても、人が苦しみから逃れられないと気づき、周囲の反対を押し切って修行に出ました。

ゴータマ・シッダールタ生誕の地・ネパールのルンビニ。写真はルンビニの街の中心部にある聖園

35歳

厳しい修行の末、悟りを開き「仏陀」に

５人の修行者と厳しい苦行を６年間行いましたが、苦しみから逃れる方法が見つかりません。苦行はやめ、仲間と別れ、菩提樹の下で深い瞑想を続けると、明け方、心の迷いから抜け出て、悟りを開くことができました。こうして「仏陀（目覚めた人）」となりました。

POINT! 42日間の断食や息を止めるなどの厳しい修行の末、大木の下での心静かな瞑想の際、ついに悟りを開くことができました。

35歳以降

最初の説法「初転法輪」。布教の旅へ

悟りを得た仏陀のもとにブラフマンという神様が現れ、「あなたの悟りを世の人に伝えなさい」と言いました。最初渋っていた仏陀でしたが、ようやく願いを受け入れます。最初に訪れたのは、かつて修行をした5人の仲間がいるインドのサールナート。そこで最初の説法を行ってからさらなる旅へ。弟子の数もどんどん増え、仏教教団ができあがりました。

POINT! インドのサールナートで、初めて説法を行ったのが仏教の始まり。ここから布教の旅＝仏教が始まります。

インドのサールナートは、釈迦が初めて説法を行った場所として今もあがめられています

80歳

旅の途中で体調を崩し入滅

悟りを開いてから45年、仏陀は80歳になりました。弟子たちとの布教の旅の途中で体調を崩し、クシナガラという村で静かに最期を迎えます。悲しむ弟子たちに「すべてのものは無常であり、常に変化している。これからも一所懸命に修行をしなさい」と語り、生涯を閉じました。

POINT! 仏陀は口伝で教えを広めていきました。その教えは弟子たちにより「法」としてまとめられ、それが後に「経（＝お経）」と呼ばれました。

釈迦の旅マップ

表情、髪型、衣装、持ち物をチェック！
4つの仏像グループ

お寺の御朱印で、中央に墨書されているのは、多くの場合、本堂に祀られているご本尊（下記参照）である仏様の名前。仏様は４つのグループに分かれ、役割やパワーなどによって姿を変えて、人々を救います。表情や衣装に注目すると、より違いがはっきりするでしょう。

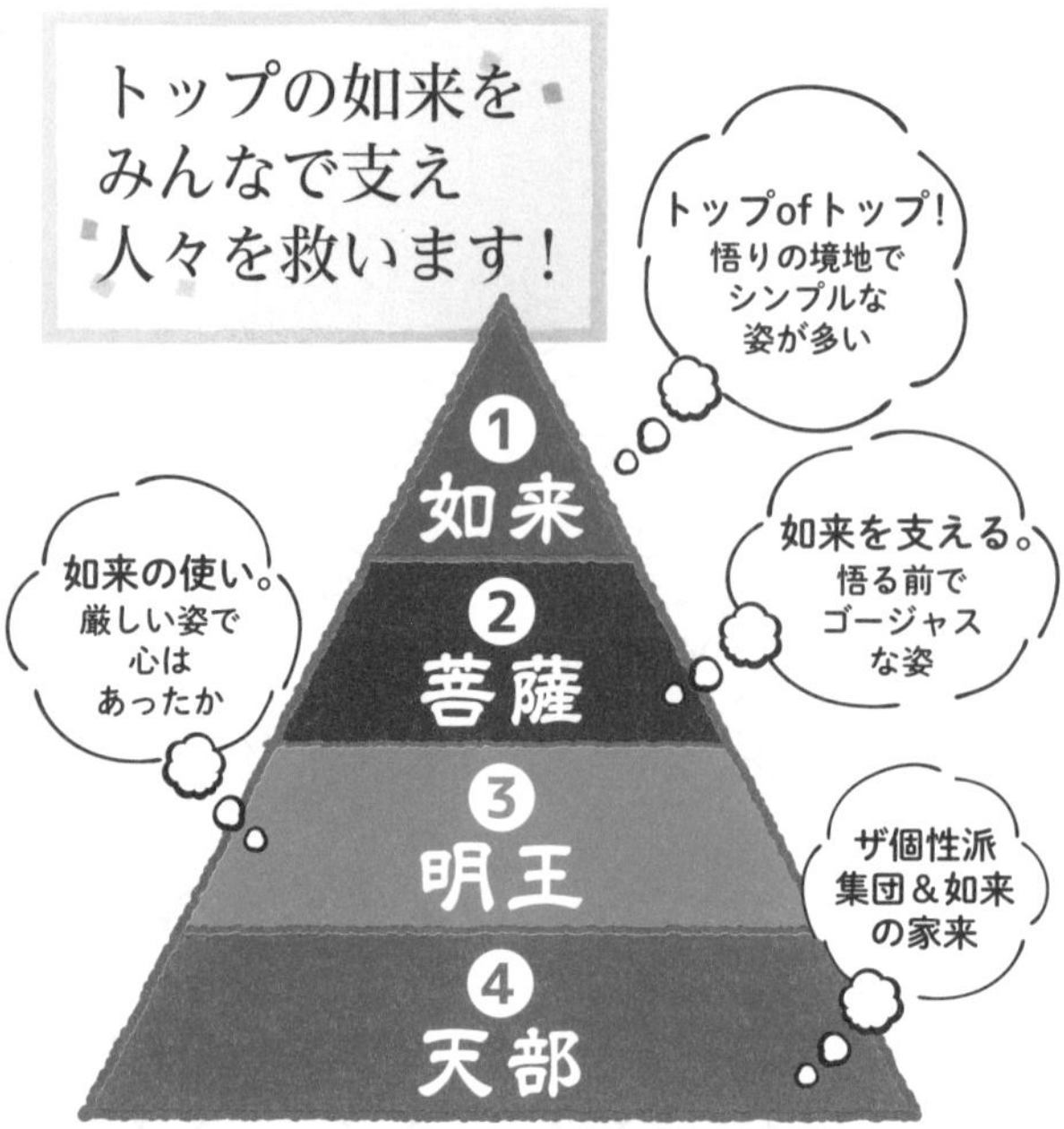

トップの如来をみんなで支え人々を救います！
トップofトップ！

如来を支える。
悟る前でゴージャスな姿

厳しい姿で心はあったか

ザ個性派集団＆如来の家来

1 如来【にょらい】

もともと釈迦がモデル

如来は悟りを開いた仏を意味し、「釈迦如来」は人々を救うため、「厳しい修行を通じて、悟りを開いた出家後の釈迦」がモデルとされています。袈裟をまとっただけのシンプルな姿が特徴です。

薬師如来

人々の病気を治す仏とあがめられます。

左手には薬壺(やっこ)

指の輪は「印」といわれる

阿弥陀如来

人々を浄土へ導く仏といわれています。

右巻きカールの螺髪(らほつ)は知恵の象徴
眉間にあるのは白毫(びゃくごう)。丸まった髪が光明になっている

最強アーティスト 運慶・快慶

鎌倉時代に活躍した有名仏師・運慶と快慶。ふたりの天才アーティストによる仏像は、今も多くの人々を魅了しています。各地の寺院・博物館でも見ることができます。

キーワードで知るお寺と仏教

お寺について調べたり、参拝したりすると出てくる、聞き慣れない言葉をこちらで解説！

【極楽浄《ごくらくじょう》土《ど》】

輪廻を離れ、苦しみのない世界

阿弥陀如来が開き、輪廻転生を離れた世界のこと。迷いも苦しみもなく、寿命も永遠です。十万億仏土の西方にあるといわれ、阿弥陀如来の導きによって、極楽浄土に行けるとされています。

【ご本尊《ほんぞん》・脇《きょう》侍《じ》】

各宗派の信仰の対象となる仏

各宗派の教えを仏様の姿を借りて表現しているのが本尊です。例えば真言宗は大日如来、浄土宗は阿弥陀如来、曹洞宗は釈迦如来など。脇侍はご本尊の左右に控え、ご本尊の教えや功徳を補佐し、伝えます。日光・月光菩薩は薬師如来の脇侍として知られています。

【塔頭《たっちゅう》】

お寺の敷地内にある小さな寺院

もとは禅宗で高僧の墓のそばにある塔をいいましたが、現在は大寺院の敷地にある小寺院などのことも指します。

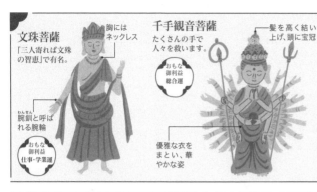

② 菩薩【ぼさつ】

華やかな姿で如来をサポート

モデルは出家前の釈迦。如来をサポートする役割をもち、脇侍(↓P.46)として配置されることがあります。悟りを開くために修行中の身とされ、人々の願いをかなえ、救いの手を差し伸べます。華麗な姿が特徴。

文殊菩薩

「三人寄れば文殊の智恵」で有名。

腕釧《わんせん》と呼ばれる腕輪
おもな御利益
仕事・学業運

千手観音菩薩

たくさんの手で人々を救います。

髪を高く結い上げ、頭に宝冠
おもな御利益
総合運
優雅な衣をまとい、華やかな姿

③ 明王【みょうおう】

厳しい顔をして人々を救う

厳しい表情をしている明王は如来の使い。怖い、怒っていると思われがちですが、この表情で人々を仏道に目覚めさせたり、煩悩や苦悩などから人々を救うために命がけで戦ったりしている表情ともいわれています。

愛染明王

恋愛や欲望に悩む人を悟りに導くといわれます。

おもな御利益
縁結び
炎を背にして怒りの表情

不動明王

光背の炎で煩悩を焼き尽くし、剣で悪を絶ちます。

剣を持ち、命がけで戦う
おもな御利益
総合運

④ 天部【てんぶ】

個性あふれる釈迦の家来

ヒンドゥー教やバラモン教など、インドの神々が仏教に取り入れられた天部。勇壮な姿は釈迦の家来たちがモデルになっています。さまざまな個性をもった仏像が天部に属し、仏様を守り、御利益を与えるといわれます。

弁財天

もとはヒンドゥー教の水の神で美しい姿の女神。

おもな御利益
美容・金運
女神で琵琶を持つ。諸芸上達運も

毘沙門天

戦いの神として上杉謙信が深く信仰。

甲冑を身に着け、槍や宝塔も
おもな御利益
仕事・学業運

【護摩《ごま》】

炎で煩悩や災難を焼き祓う行法

不動明王や愛染明王の前に火をたく炉を備えた壇(護摩壇)を設け、儀式に則り、木札を燃やす行のひとつです。木札は護摩木と呼ばれるもので人の悩みや災難を表し、火は知恵や真理を象徴しています。息災、招福、諸願を祈念します。

【念仏《ねんぶつ》】

仏をたたえ、救済を願う言葉

南無阿弥陀仏、南無釈迦牟尼仏、南無盧舎那仏などが念仏です。南無はサンスクリット語で敬意を表す言葉です。仏をたたえ、仏の教えに心身をささげますという意味になり、お経とは異なります。

【菩提寺《ぼだいじ》】

先祖代々の墓所がある寺院

一族が代々、その寺の宗派に帰依し、そこに墓所を定め、法事などを行うお寺のことです。江戸時代の寺請制度では家単位でひとつの寺院の檀家(信者)になることが定められました。それ以降、その寺院がその家の菩提寺となっています。

Column

知って楽しい、仏様のミニワールド

お寺の境内と頒布品

知っているようで知らないお寺の境内。
お寺には何があるかを知っておくと、
参拝がもっと楽しくなりますよ！

仏様を祀るお堂、修行の場など、さまざまな建物が！

お寺は仏様がいらっしゃる神聖な空間。境内にある建物は、伽藍や堂宇などと呼ばれます。まず入口にあるのが山門（三門）と呼ばれる門。仁王像と呼ばれる仏を守る像が安置された門もあります。参拝前に手水舎や常香炉で身を清めたら、ご本尊をお祀りする仏殿へ。本堂（金堂・仏殿）と呼ばれ、お寺の中心的存在です。そのほかにも説法や法話を行う講堂（法堂《はっとう》）、僧侶が修行する僧堂などがあることも。塔は仏の遺骨「仏舎利」を納める建物です。仏の世界が表現された庭園では、日本の美を体感しましょう。

各ページで紹介できなかったパワーアイテム！

お寺で頂けるお守りや頒布品

柿飴

南法華寺（奈良）
▶P.16
吉野産の柿エキスを葛飴に配合。柿の風味と葛のなめらかさが楽しめます

金運蛇御守ストラップ

播州清水寺（兵庫）
▶P.115
繁栄の象徴といわれる蛇のお守り。ラインストーンの入ったストラップです

髑髏の念珠

宝蔵寺（京都）
▶P.103
数ある授与品のなかでも人気の黒檀製念珠。黒い珠にまじった赤い髑髏がインパクト大です

薬師守

薬師寺（奈良）
▶P.122
鈴の付いたお守り袋がとてもカワイイと人気。全部で6色から選べます

五大明王御守護

大覚寺（京都）
▶P.85
織物技術で作られた御守護。除災招福、無病息災、息災延命などの御利益

学業守

随心院（京都）
▶P.79
六歌仙のひとりに選ばれている小野小町。美しいだけでなく学業のお守りにも

第二章

編集部が太鼓判！最強モデルプラン

京都の寺院をめぐる定番の日帰りコースをはじめ、関西のお寺さんぽの魅力あふれるモデルプランを紹介します。御朱印もパワーもたっぷり頂ける名刹へ、出発しましょう！

三重・奈良・大阪をめぐる

ぐるっと南近畿 P.50 〜

京阪神のお寺をめぐる

ぐるっと三都めぐり P.54 〜

雅な情緒に心を奪われる

京都の絶景と庭園さんぽ P.58 〜

高僧を輩出した日本仏教の母山

滋賀のパワスポ比叡山延暦寺 P.64 〜

四季折々の自然が美しい

湖東三山・湖南三山 P.68 〜

かつての要衝は武将ゆかりの地多し

偉人ゆかりの滋賀のお寺

P.72 〜

京都のかわいい授与品で女子力アップ

P.76 〜

近鉄週末フリーパスを使って！ 三重・奈良・大阪のお寺めぐり

土日を含む連続3日間有効というおトクなきっぷ
「近鉄週末フリーパス」をフル活用して、
南近畿のお寺をぐるっとめぐります。

御影堂は間口42.6mの単層入母屋造、如来堂は間口約25.6mの入母屋造

ご本尊
阿弥陀如来《あみだにょらい》

山門を入ると正面に御影堂、如来堂。
三重県で初めて国宝建造物に指定されました

専修寺《せんじゅじ》

真宗高田派の本山寺院で高田本山と呼ばれています。高度な建築技術が評価されたことで国宝に指定された如来堂、御影堂をはじめ国宝、国指定重要文化財を数多く有します。参拝記念印（御朱印）は総合案内所（進納所）で頒布しています。

毎年1月9日から1月16日まで、親鸞聖人の遺徳をしのんで報恩講がお勤めされます。ぜひご参拝ください。

参拝記念印

墨書／真宗高田派、本山専修寺、御影堂、如来堂　印／高田山、國寳、高田山専修寺、参拝記念　●書体は書き手によって変わります。書き手が不在の場合は書き置き対応となります

参拝記念印（御朱印）帳

参拝記念印（御朱印）帳は伊勢擬革紙という特殊な和紙を使った表紙のものなど多種多様です

DATA
専修寺　MAP P.7-B2
開創／1469～1487年（文明年間）　山号／高田山　宗旨／真宗高田派
住所／三重県津市一身田町2819　電話／059-232-4171
交通／JR「一身田駅」から徒歩5分、近鉄「高田本山駅」から徒歩20分
拝観時間／6:00～18:00（御影堂、如来堂は～15:30）
参拝記念印授与／9:00～16:00
拝観料／無料　URL http://www.senjuji.or.jp/

田園の中に建つお屋敷のようなお寺。
聖徳太子の誕生の地とされる古刹です

橘寺《たちばなでら》

ご本尊
聖徳太子《しょうとくたいし》

この地は聖徳太子の祖父欽明天皇の離宮「橘の宮」があった場所でした。574年（敏達天皇3年）、聖徳太子の誕生の地と伝わります。

創建当時は、広大な寺域に多くの堂宇が並んでいたとされますが、火事や焼き討ちなどにより、当時の伽藍はありません。堂内には室町時代に造られたという木造聖徳太子坐像が祀られています。

御朱印

墨書／奉拝、太子誕生所、橘之宮 橘寺　印／聖徳太子御遺跡第八番、二面石の印、橘寺

（上）田園の道を歩いて、少し上ったところに西門があります
（左）境内の一角にある「二面石」。石の左右に善悪ふたつの表情が刻まれています

DATA
橘寺　MAP P.7-B3
開創／606年（推古天皇14年）　山号／佛頭山　宗旨／天台宗
住所／奈良県高市郡明日香村橘532　電話／0744-54-2026
交通／近鉄「橿原神宮前駅」または「飛鳥駅」から飛鳥周遊バスで「岡橋本」または「川原」バス停下車徒歩3分
拝観時間／9:00～16:30（受付終了）　御朱印授与／9:00～16:30
拝観料／400円　URL https://tachibanadera-asuka.jimdofree.com/

モデルプラン1日目

- 7:40 近鉄名古屋
- ← 電車と徒歩で1時間30分
- 9:10 専修寺（滞在1時間）
- ← 電車と徒歩で2時間
- 13:00 橘寺（滞在35分）＼周辺でランチ／
- ← 徒歩25分
- 14:00 岡寺（滞在40分）
- ← 電車とバスで1時間
- 15:45 長谷寺（滞在1時間）
- ← 電車と徒歩で1時間40分
- 18:25 河内長野（泊）

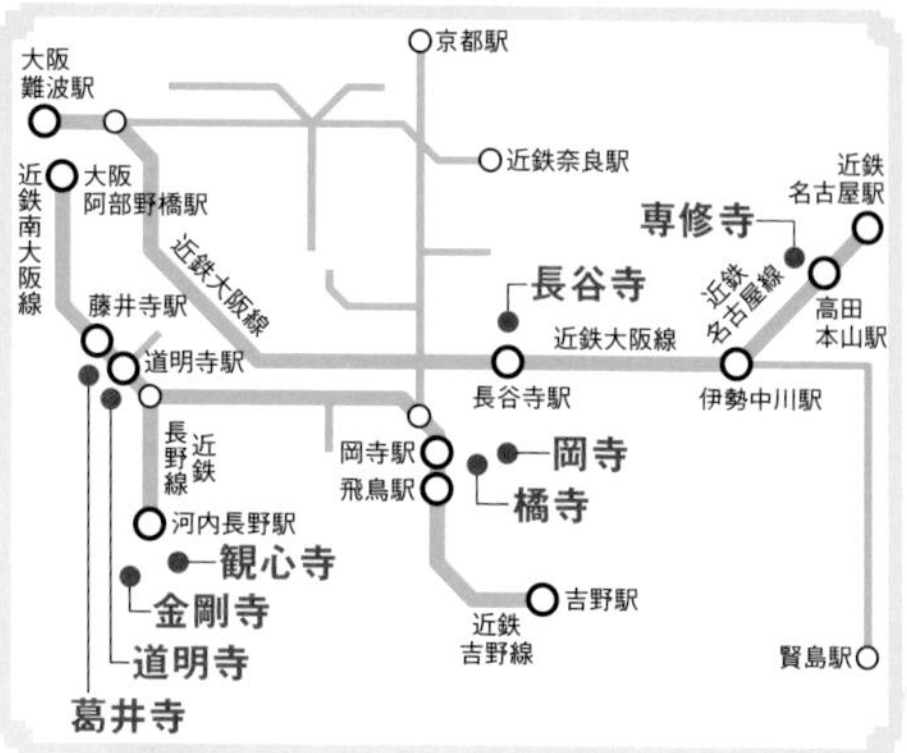

正式名は龍蓋寺。天智天皇の勅願により義淵僧正が建立しました。日本最初の厄除霊場です。

岡《おか》寺《でら》

開創は7世紀末。創建当時の建物は失われ、本堂は1805年（文化2年）の再建です。鎌倉初期の『水鏡』には、厄年には岡寺へ参拝するとあり、すでに厄除霊場として知られていたようです。

仁王門は1612年（慶長17年）の建立。明日香村では唯一、国の重要文化財に指定されている建造物です。

ご本尊
如意輪観世音菩薩《にょいりんかんぜおんぼさつ》

本堂の正面には高さ4m以上もの如意輪観音像。その大きさには誰もが驚きます

御朱印

墨書／奉拝、厄除大悲殿、岡寺　印／西國第七番、梵字キリークの如意輪観音を表す印、龍蓋寺

DATA
岡寺 MAP P.7-B3
開創／662年（天智天皇2年）
山号／東光山　宗旨／真言宗
住所／奈良県高市郡明日香村岡806
電話／0744-54-2007
交通／近鉄「橿原神宮駅」から奈良交通バス「岡寺前」バス停より徒歩10分
拝観時間・御朱印授与／8:00～17:00（12～2月～16:30）
拝観料／400円
URL https://www.okadera3307.com

ご本尊は木造としては、わが国最大級。緩やかな登廊を上れば舞台造の本堂です。

長谷寺《はせでら》

仁王門から本堂まで、399段の石段を上ります。両側には150種7000株ものボタンが植えられ、5月には華麗な景観を見せてくれます。

本堂は東大寺大仏殿に次ぐ大きさで、舞台から望む眼下の景観は見事。ご本尊は像高約10m、1538年（天文7年）の造立です。『枕草子』や『源氏物語』などの古典作品にも登場する名刹です。

ご本尊
十一面観世音菩薩《じゅういちめんかんぜおんぼさつぞう》

小初瀬山中腹の断崖に建つ本堂は国宝

境内には、四季折々の美しい風景が展開します

御朱印と御朱印帳はP.25・36でも紹介！

御朱印

墨書／奉拝、大悲閣、長谷寺　印／西國第八番、梵字キャの十一面観音を表す印、長谷寺本堂印

DATA
長谷寺 MAP P.7-B3
開創／686年（朱鳥元年）
山号／豊山　宗旨／真言宗豊山派
住所／奈良県桜井市初瀬731-1
電話／0744-47-7001
交通／近鉄大阪線「長谷寺駅」から徒歩15分
拝観時間・御朱印授与／8:30～17:00（4～9月）、9:00～17:00（10～11月、3月）、9:00～16:30（12～2月）
拝観料／500円
URL https://www.hasedera.or.jp/

ご本尊の秘仏如意輪観音像は、魅惑的なポーズ。
平安時代の密教美術最高傑作といわれる仏様です

観心寺《かんしんじ》

ご本尊
如意輪観音菩薩《にょいりんかんのんぼさつ》

701年（大宝元年）に、役小角によって開かれたお寺です。808年（大同3年）、弘法大師が人々を災難から救済するという北斗七星を境内に祀り、その7年後に如意輪観音を自ら刻み、本尊として祀りました。

国宝の如意輪観音菩薩は像高約109m、6本の腕をもつ坐像です。通常は拝観できませんが、毎年4月に御開扉があります。

中門を入ると楠木正成ゆかりの中院があります

金堂は大阪府下で本堂としては最古の国宝建造物

御朱印帳はP.37で紹介！

御朱印

墨書／如意宝殿、遺跡本山観心寺　印／平成二十九年国宝如意輪観音御開帳記念、梵字キリークの如意輪観音を表す印、河内國観心寺伽藍印

DATA
観心寺 MAP P.7-A3
開創／701年（大宝元年）
山号／檜尾山　宗旨／高野山真言宗
住所／大阪府河内長野市寺元475
電話／0721-62-2134
交通／南海高野線、近鉄長野線「河内長野駅」から南海バス「観心寺」下車徒歩3分
拝観時間／9:00～17:00
御朱印授与／9:00～16:30
拝観料／300円
URL https://www.kanshinji.com/

平安時代に弘法大師も修行した聖地。
約1300年の歴史をもつ、真言宗御室派の大本山です

金剛寺《こんごうじ》

ご本尊
大日如来《だいにちにょらい》

奈良時代、聖武天皇の帰依を受けて、僧行基が開いた名刹です。平安時代には後白河上皇の妹八条女院の祈願所となり、多くの女性が帰依しました。女人禁制だった高野山に対し、「女人高野」と呼ばれるようになります。

重要文化財である金堂には、大日如来坐像、不動明王坐像、降三世明王坐像の三体の国宝仏が安置されています。また境内にはこのほか日本最古級の多宝塔や多くの重要文化財が並び、見どころの多いお寺です。

大日如来は、金堂のご本尊として造立されました。光背には金剛界三十七尊化仏、そして台座の蓮華部は、造立当初のものと推定されています

御朱印はP.27でも紹介！

御朱印

墨書／奉拝、大伽藍、金剛寺　印／勅願所、如意宝珠の印、女人高野天野行宮金剛寺印

DATA
金剛寺 MAP P.7-A3
開創／奈良時代（天平年間）
山号／天野山
宗旨／真言宗御室派
住所／大阪府河内長野市天野町996
電話／0721-52-2046
交通／南海高野線、近鉄長野線「河内長野駅」から南海バス「天野山」下車すぐ
拝観時間／9:00～16:30
御朱印授与／9:00～16:30
拝観料／本坊（宝物館、庭園、行在所）400円、伽藍200円、共通券500円
URL https://amanosan-kongoji.jp/

重要文化財の金堂。2009年（平成21年）より、400年ぶりに大修理が行われました

御朱印帳

国宝『日月四季山水図屏風』柄のオリジナル御朱印帳（2種　いずれも1500円）

菅原道真の祖先とされる豪族土師氏の氏寺と伝わります。
ご本尊は菅原道真自身が彫った十一面観音です

道明寺《どうみょうじ》

開創当時は三門、五重塔、金堂などが建つ大寺で、現在の道明寺天満宮前にありました。平安時代には菅原道真の叔母覚寿尼が入寺、道真もしばしば寺を訪れ、自身で彫った十一面観音を奉納しました。901年（延喜元年）、大宰府に向かう途中にも叔母に会うためにこの寺を訪れています。ご本尊は毎月18日、25日、年始、4月17日に拝観できます。

御朱印

御朱印は
P.28でも紹介!

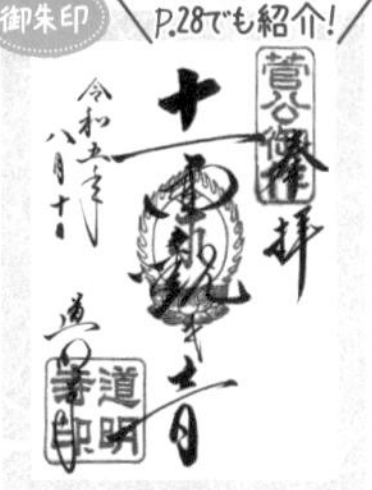

墨書／奉拝、十一面観音、道明寺　印／菅公御作、梵字キャの十一面観音を表す印、道明寺印

道明寺といえばまず思い浮かぶ桜餅など、和菓子の材料「道明寺粉」発祥の寺としても有名です

ご本尊
十一面観世音菩薩《じゅういちめんかんぜおんぼさつ》

DATA
道明寺 MAP P.7-B3
開創／594年（推古天皇2年）
山号／蓮土山
宗旨／真言宗御室派
住所／大阪府藤井寺市道明寺1-14-31
電話／072-955-0133
交通／近鉄南大阪線「土師ノ里駅」「道明寺駅」から徒歩7分
拝観時間・御朱印授与／9:00～16:00
拝観料／無料（国宝の拝観日500円）
URL https://www.domyoji.jp/

（上）本堂は1919年（大正8年）の再建（右）菅原道真の作とされる木造十一面観音立像は像高98cm。国宝

境内には1744年（延享元年）から30年以上をかけて完成した本堂や、豊臣秀頼が建立した四脚門（現・西門）などが並びます。毎年4月中旬から5月上旬にかけて、藤まつりが行われます

聖武天皇が千手観音を作らせ、行基が開眼。
天平彫刻の粋を集めた観音像は国宝です

葛井寺《ふじいでら》

ご本尊の十一面千手観音は、725年（神亀2年）の造立で、現存する観音像では最古のひとつです。実際に千の手をもつ像として極めて希少な像です。

通常は秘仏ですが、毎月18日と8月9日の千日参りの日に開帳されます。

ご本尊
十一面千手千眼《じゅういちめんせんじゅせんげん》
観世音菩薩《かんぜおんぼさつ》

DATA
葛井寺 MAP P.7-A3
開創／725年（神亀2年）
山号／紫雲山　宗旨／真言宗
住所／大阪府藤井寺市藤井寺1-16-21
電話／072-938-0005
交通／近鉄「藤井寺駅」から徒歩3分
拝観時間／自由
御開帳時間9:00～17:00（最終受付16:30）
御朱印授与／8:00～17:00
拝観料／境内無料、御開帳日のみ本堂拝観500円
URL https://www.fujiidera-temple.or.jp/

御朱印

墨書／奉拝、大悲殿、葛井寺　印／西国第五番紫雲山葛井寺、西國第五番、梵字キリークの千手観音を表す印、葛井寺納経印

モデルプラン 2日目

- 8:45 河内長野駅 ← バスで15分
- 9:00 観心寺（滞在1時間）← バスで40分
- 10:40 金剛寺（滞在1時間）← バスと電車で50分
- 13:10 道明寺（滞在1時間）＼周辺でランチ／ ← 電車と徒歩で20分
- 14:30 葛井寺（滞在1時間）← 電車と徒歩で1時間30分
- 17:00 大阪阿部野橋

阪急阪神1dayパスを使って！
京都・兵庫・大阪のお寺を訪ねよう

ぐるっと三都めぐり

阪急と阪神のふたつの鉄道会社を共通で乗れるおトクなきっぷ「阪急阪神１dayパス」を使って、近畿の３県をめぐります。

本堂は国宝。舞台は18本の束柱で支えられ、166枚もの桧板が張られています。舞台からは京都市街が一望のもとに眺められます

広大な境内に国宝・重文を含む
30以上の堂塔伽藍が並びます

清水寺《きよみずでら》

奈良で修行を積んだ僧賢心は、夢のお告げで音羽山に滝を見つけ、老仙人と出会います。老仙人は賢心に霊木を授け、観音像を彫るように伝えて姿を消しました。2年後、山を訪れた坂上田村麻呂は賢心に会い、観音像を本尊とする寺院を建立、清水寺と名づけました。今から1200年以上前の話です。

たび重なる火災に遭い、現在の堂宇のほとんどは1633年（寛永10年）前後の再建です。本堂は有名な「懸造り」で舞台の高さは約13m。音羽山の崖に建築されています。

堂内には50近い絵馬があります。角倉了以の貿易船を描いた絵馬は縦2m以上、横3m以上の大きさで、国の重要文化財に指定されています。

本堂から下ったところにある音羽の滝。延命水の御利益にあずかろうと水を汲む人の行列が絶えることはありません

DATA
清水寺 MAP P.6-D2
開創／伝･778年（宝亀9年）
山号／音羽山　宗旨／北法相宗大本山
住所／京都府京都市東山区清水1-294
電話／075-551-1234
交通／市バス･京都バス「五条坂」バス停下車、徒歩10分
拝観時間･御朱印授与／6:00～18:00（季節により変更あり）
拝観料／400円
URL https://www.kiyomizudera.or.jp/

御朱印

＼御朱印帳はP.32で紹介！／

墨書／奉拝、不動明王、清水寺、滝の堂　印／梵字カーンの不動明王を表す印、清水寺音羽瀧

墨書／奉拝、大悲閣、清水寺　印／西國十六番、梵字キリークの千手観音を表す印、清水寺聖堂印

遠くからもよく見える三重塔は、清水寺のシンボルです。約30mの高さで国内最大級。重要文化財

モデルプラン 日帰り

6:15 大阪梅田（阪急線）← 電車と徒歩で1時間15分 ← 7:30 清水寺（滞在1時間）← 電車と徒歩で2時間 ← 10:30 中山寺（滞在45分）← 電車と徒歩で45分 ← 12:00 門戸厄神 東光寺（滞在40分）＼周辺でランチ／ ← 電車とバスで1時間15分（今津経由）← 15:00 四天王寺（滞在1時間）← 電車と徒歩で35分 ← 16:35 大阪梅田

本堂は豊臣秀頼の再建とされます。本堂内には三体の十一面観音が祀られていますがいずれも秘仏。毎月18日に御開帳されます

聖徳太子によって開創され、子授け・安産の観音様が有名です

中《なか》山《やま》寺《でら》

いつも妊婦さんでにぎわう境内。石段の脇にはエスカレーターが完備され、妊婦さんへの心遣いを感じます。

平安末期、源行綱は後妻の継子いじめを諌めようと中山観音に祈願。すると鐘の緒が後妻の髪に巻き付き、後妻は改心したそうです。以来、鐘の緒をおなかに当てて安産を祈願するようになり、これが、腹帯の始まりとされます。

毎月戌の日には大勢の参拝客でにぎわいます。

ご本尊

十一面観世音菩薩《じゅういちめんかんぜおんぼさつ》

「安産の観音様」と呼ばれるご本尊。再建された五重塔は深い青色で「青龍塔」と名づけられています。ライトアップされた姿も美しいです

御朱印

御朱印はP.28でも紹介!

墨書/奉拝、大悲殿、中山寺　印/西國第二十四番、梵字キャの十一面観世音菩薩を表す印、中山寺印

DATA

中山寺　MAP P.7-A2

開創/聖徳太子創建
山号/紫雲山
宗旨/真言宗
住所/兵庫県宝塚市中山寺2-11-1
電話/0797-87-0024
交通/阪急宝塚線「中山観音駅」から徒歩1分、JR「中山寺駅」から徒歩10分
拝観/9:00~17:00
御朱印授与/9:00~16:30
拝観料/無料
URL https://www.nakayamadera.or.jp

御朱印帳

表紙は山号の紫雲山にちなんだ紫雲と山門、裏には梅林をデザイン(1200円)

厄神明王を祀る厄神堂、ご本尊を祀る本堂などが境内に並ぶ

手前が厄神堂。奥に見えるのはご本尊を祀る薬師堂で、西国薬師霊場第20番札所

ご本尊
薬師如来《やくしにょらい》

あらゆる災厄を打ち払うとされる厄神明王。
日本三体厄神のひとつです

門《もん》戸《ど》厄《やく》神《じん》 東《とう》光《こう》寺《じ》

嵯峨天皇が41歳の厄年に当たる829年（天長6年）、弘法大師により厄除祈願が行われました。大師は愛染明王と不動明王が一体となった厄神明王を刻み、東光寺に安置したのです。厄神明王はすべての厄を祓うとされます。表門には男厄坂と呼ばれる42段の石段、中楼門には女厄坂と呼ばれる33段の石段があり、1段上るごとに厄を落とすそうです。

毎月19日の縁日は参拝客でにぎわいますが、新年の1月18・19日の厄除け大祭には、数十万の善男善女が参拝に訪れます。

御朱印

墨書／奉拝、厄神明王、門戸厄神東光寺　印／日本三体厄神明王、愛染明王梵字ウーン、不動明王梵字カーン、摂津国東光寺　門戸厄神

DATA
門戸厄神 東光寺 MAP P.7-A2
開創／829年（天長6年）
山号／松泰山
宗旨／高野山真言宗
住所／兵庫県西宮市門戸西町2-26
電話／0798-51-9090
交通／阪急電鉄今津線「門戸厄神駅」から徒歩10分
拝観時間／6:00～18:00
御朱印授与／9:00～17:00
拝観料／無料
URL https://mondoyakujin.or.jp/

お守り

厄除けには七色のものが七難を除けるといわれます。左／厄除財布（3000円～10000円）、右／七色房御守（500円）

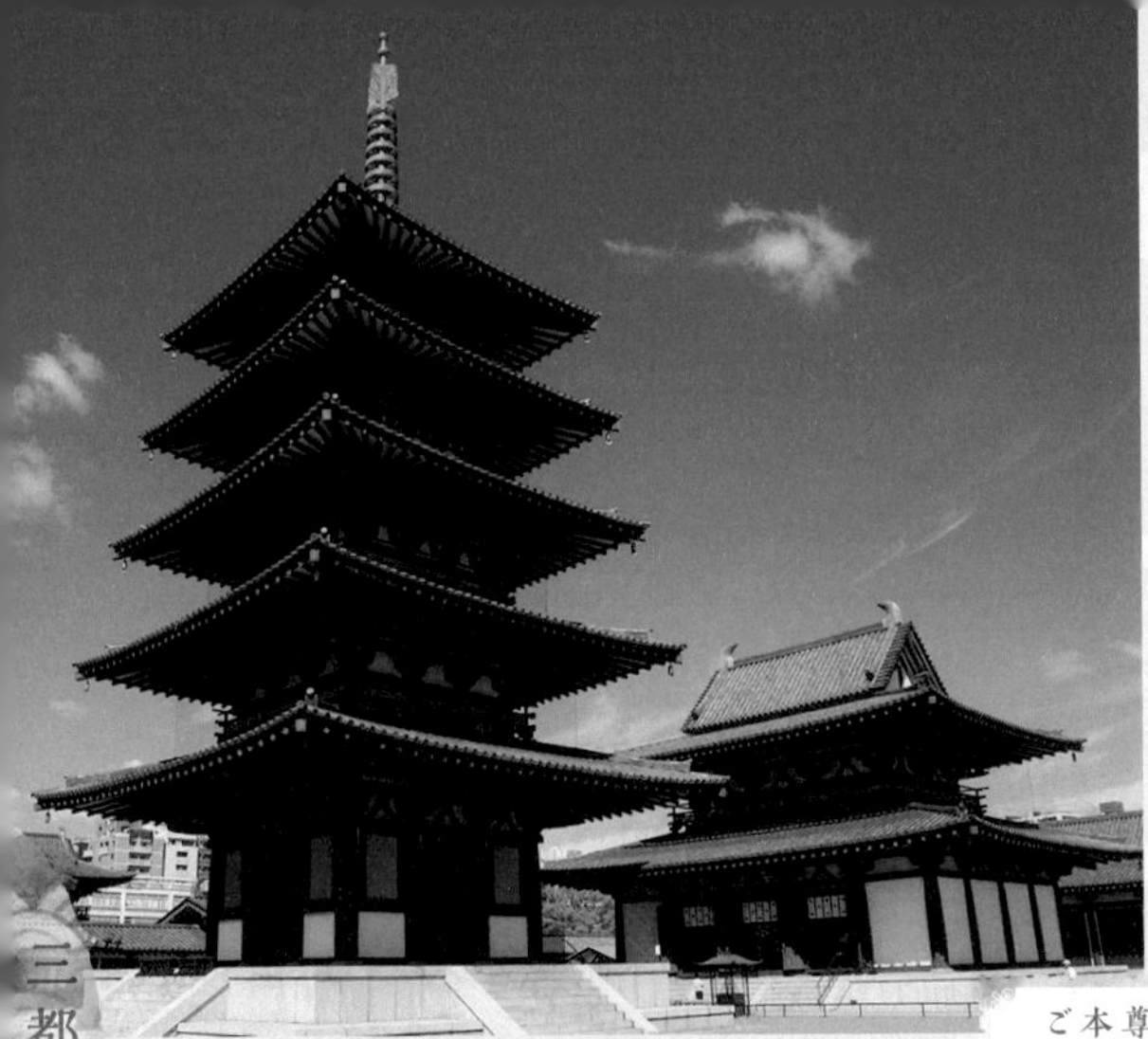

第2次世界大戦後に再建された伽藍は鉄筋コンクリート造り。毎月21日の大師会、22日の太子会、春季彼岸会、秋季彼岸会には中心伽藍が無料で開放されます

聖徳太子が建立した、日本仏法最初の官寺。
古代の貴重な伽藍配置が今も残されています

四《し》天《てん》王《のう》寺《じ》

593年（推古天皇元年）の創建です。『日本書紀』によれば聖徳太子は丁未の乱に於て四天王像を彫り戦勝を祈願し、その後四天王寺を建立したとあります。伽藍配置は中門、五重塔、金堂、講堂が南北一直線に並ぶ四天王寺式伽藍構造と呼ばれ、6~7世紀の様式を今に伝えています。

毎年4月22日の聖徳太子の命日には、聖霊会が行われます。

ご本尊
救世観世音菩薩《くぜかんぜおんぼさつ》

聖徳太子に親しみをもってもらおうと考案した聖徳太子キューピーストラップ

大都会の中心部にありながら、甲子園球場の3倍もの広い境内を有しています。たび重なる災害や戦火に見舞われましたが、その都度復興され、500点余りの国宝や重文を有する名刹です

＼御朱印と御朱印帳はP.28・37でも紹介！／

御朱印

墨書／奉拝、大悲殿、四天王寺　印／大日本佛法最初、佛法僧、荒陵山四天王寺

DATA
四天王寺 MAP P.6-D4
開創／592年（推古天皇元年）
山号／荒陵山
宗旨／和宗
住所／大阪府大阪市天王寺区四天王寺1-11-18
電話／06-6771-0066
交通／JR「天王寺駅」から徒歩20分、地下鉄谷町線「四天王寺前夕陽ケ丘駅」から徒歩7分
拝観時間・御朱印授与／8:30～16:30（4～9月）、8:30～16:00（10～3月）
拝観料／300円（中心伽藍）、300円（庭園）
URL https://www.shitennoji.or.jp/

日帰りコース1
京都

いにしえのアートを体感する 京都の庭園と絶景さんぽ

雅な情緒が漂う京都は、心洗われるような寺院庭園の宝庫です。石畳が延びる高台寺前の「ねねの道」などをのんびり歩き、日本の伝統美をめぐる旅へ出かけましょう！

北庭 「永遠のモダン」と称賛される重森三玲の代表作です。奥の切石のまばらな配置は釈迦の入滅を表しています

ご本尊
釈迦如来《しゃかにょらい》

市松模様や大胆な立石を用いた
モダンな庭園デザインに感動！

東福寺《とうふくじ》

京都の庭園めぐりで真っ先に訪れたいのが東福寺の本坊庭園です。もともと僧侶の住居だった「方丈」の東西南北を、趣の異なる斬新な庭園が取り囲み、国指定名勝にも指定されています。昭和の作庭家・重森《しげもり》三玲《みれい》がデザインする際、お寺から課せられた唯一の条件は「境内の資材を一切廃棄せず再利用すること」。人工的な切石と緑の苔を組み合わせた市松模様は、禅の精神を忠実に守って生まれたエコロジカルな作品なのです。広大な境内には三ノ橋川が流れる「洗玉澗《せんぎょくかん》」の渓谷が広がっているので、四季折々の絶景ビューも堪能しましょう。

御朱印帳

本堂の天井画をあしらった「蒼龍の御朱印帳」(1500円)

御朱印

墨書／奉拝、大佛寶殿、東福寺　印／慧日山、下り藤、三宝印　●摂政九條道家が奈良の東大寺と興福寺から「東」と「福」の字を取って発願されました

墨書／奉拝、通天、東福寺　印／慧日山、下り藤、三宝印　●御朱印は本坊庭園や通天橋の拝観受付で頒布。紅葉の時期には書き置きのみの対応となります

DATA

東福寺 MAP P.6-D2

開創／1255年(建長7年)
山号／慧日山　宗旨／臨済宗
住所／京都府京都市東山区本町15-778
電話／075-561-0087
交通／JR奈良線・京阪本線「東福寺駅」から徒歩7分
拝観時間／9:00〜16:00(4月〜10月末)、8:30〜16:00(11月〜12月第1日曜)、9:00〜15:30(12月第1日曜〜3月末)
御朱印授与／9:00〜15:30
拝観料／通天橋・開山堂600円(11月中旬〜12月上旬は1000円)、東福寺本坊庭園500円
URL https://tofukuji.jp/

モデルプラン 日帰り

8:40 JR「京都駅」 → 電車+徒歩で20分 → 9:00 東福寺（滞在45分） → バスと徒歩で30分 → 10:20 建仁寺（滞在45分） → 徒歩で10分 → 11:15 「ねねの道」周辺でランチ（滞在45分） → 徒歩で1〜2分 → 12:00 高台寺（滞在45分） → 徒歩で5分 → 12:50 知恩院（滞在45分） → 徒歩で3分 → 13:40 青蓮院門跡（滞在45分） → 地下鉄とバスと徒歩で50分 → 15:40 龍安寺（滞在45分） → バスと電車で35分 → 17:04 JR「京都駅」

紅葉の雲海に包まれる 季節が彩るグラデーション

本堂と開山堂を結ぶ長さ約27mの通天橋。
西側にある臥雲橋から全景が望めます

東庭　夜空に光輝く北斗七星をかつて東司（トイレ）で使われていた礎石で表現！

西庭　立体的なサツキの市松模様は四角い切石を再利用するための着想です

京都随一の紅葉を愛でる

境内の渓谷に架かる通天橋は、約2000本ものイロハモミジやヤマモミジが鮮やかに染まる紅葉スポットです。11月初旬から色づき始めて12月初旬の落葉まで、京都で最も遅い時期まで紅葉を楽しめます。

お守り

表に新緑、裏に紅葉が描かれた「福守」（500円）。通天モミジは東福寺の初代住職が宋から持ち帰った縁起の樹木です

継続は力なり！

禅宗の初祖、菩提達磨大師の「福達磨守」（600円）。七転び八起きで幸福をゲット

南庭　海の果てに浮かぶ「四仙島」を白川砂と巨石で表現。角度を変えながら神仙思想の世界観を堪能できます

参拝前に知っておきたい庭園の基本

ふたつの庭園様式をチェック

日本庭園の伝統的な様式に、「池泉（ちせん）庭園」と「枯山水」があります。池泉庭園は、自然の山水の景色を写してつくられる庭園の様式。一方の枯山水は、庭に砂を敷き詰め、景石を置いたり砂に波紋を描いて、島や海などを表現します。

池泉庭園

枯山水

庭園は心で感じて

日本庭園は見る者の感性に委ねる余白があるのが特徴です。人によって見え方、感じ方が違うのが大きな魅力なので、頭で考えるのではなく心で感じて、そこに広がる宇宙に触れてみましょう。

作庭家も知ろう

茶人や画家としても知られる僧侶や武家の趣味人たちが、名庭園を築いてきました。京都では、東福寺の本坊庭園を作った重森三玲、鎌倉～室町時代の禅の高僧で、天龍寺の作庭で知られる夢窓疎石などが有名です。

名勝・特別名勝とは？

国が文化財保護法で定めている国指定名勝は、いわば「庭園の国重要文化財」。なかでも国宝級のものは特別名勝といわれます。京都にはこれらの庭園が多数あるので、訪れる際の目安にするといいでしょう。

時空を超えた禅の美を感じる 3つの個性的な庭園めぐり

潮音庭の中心にある三尊石は四方すべてから正面に見えるよう配置

四季折々の色彩が楽しめる 美しすぎる京都最古の禅寺

建《けん》仁《にん》寺《じ》

ご本尊
釈迦如来《しゃかにょらい》

日本人の美意識がぎゅっと凝縮された3つの庭園をめぐりましょう。まずは本坊坪庭の「○△□乃庭《まるさんかくしかくのにわ》」へ。○は砂紋、△は白砂、□は井戸と、禅の四大思想（地・水・火・風）の象徴です。その奥にある「潮音庭《ちょうおんてい》」はまさに空間美の極致。四角い庭を囲むように廊下が配置され、どの方向から眺めても計算され尽くした美しさに感動必至です。方丈の前に広がる「大雄苑《だいおうえん》」はその名のとおり雄大な庭園。海とも雲海とも見える枯山水を、イマジネーションの翼を広げて眺めましょう。

国宝「風神雷神図屏風」

世界的に有名な俵屋宗達の屏風は建仁寺の所蔵品です。潮音庭に面する大書院では光沢感までも精巧に再現したデジタル複製画を鑑賞できます（原本は京都国立博物館に寄託。※時期により展示場所が変わる場合あり）。

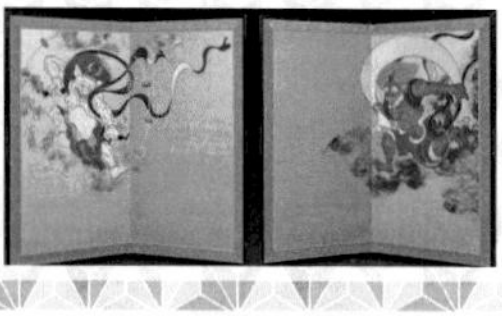

御朱印

墨書／奉拝、拈華堂、東山 建仁寺　印／扶桑最初禅窟、三宝印、大本山建仁寺　●拈華堂は仏殿を兼用した法堂のこと。ご本尊の釈迦如来を祀っています

御朱印帳

宇宙の根源的な形を示す「○△□図」の御朱印帳（1700円）

大雄苑

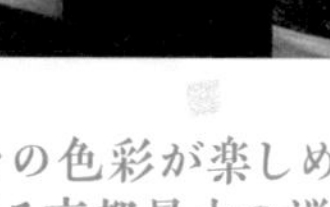

白川砂の砂紋が広がる名園は、昭和の天才作庭家・加藤熊吉が手がけました

法堂

天井に描かれた「双龍図」はおよそ108畳分！小泉淳作画伯が約2年かけて描いた大作です

お守り

左から運気を呼び込む「開運出世御守」（800円）、健康が祈願された「厄除御守」（800円）。○△□は各お守りの意匠となっています

DATA

建仁寺 MAP P.6-D2
開創／1202年（建仁2年）
山号／東山　宗旨／臨済宗建仁寺派
住所／京都府京都市東山区大和大路通四条下ル小松町584
電話／075-561-6363
交通／京阪本線「祇園四条駅」から徒歩7分、または阪急京都線「京都河原町駅」から徒歩10分
拝観時間・御朱印授与／10:00～16:30
拝観料／600円
URL https://www.kenninji.jp/

砂紋と桜が織りなす 色彩の魔法

春には枝垂れ桜で彩られる方丈前庭

秀吉と北政所ねねの絆を感じて 桃山時代へと夢幻トリップ

ご本尊 釈迦如来《しゃかにょらい》

高台寺《こうだいじ》

豊臣秀吉の菩提を弔うために、正室・ねねが開創したお寺です。「ねねの道」から台所坂を上って境内へ。方丈に面した波心庭《はしんてい》では、春になると樹齢70年以上の枝垂れ桜が咲き誇って、感動するほどフォトジェニックです。順路を進むと、目の前に広がるのは池泉回遊式の名勝庭園。池を渡る廊下の観月台からは、ねねが秀吉をしのんで月を眺めたのだとか……。名刹は恋人の聖地としても知られています。

茶会で過ごす雅な時間

高台寺の境内では茶道の体験教室を開催しています。千利休ゆかりの茶室が残る名刹で、日本文化の粋に触れてみましょう。茶道体験は要事前予約（2名以上、ひとり5000円）

御朱印

墨書／奉拝、佛心、高台寺印／五七桐紋、豊太閤秀吉公 北政所霊、佛法僧寶、高台禅寺　●佛心はお釈迦様の慈悲の心を意味します。五七桐は豊臣家の家紋です

墨書／奉拝、夢、高台天神　印／北政所守本尊、本願成就、ねね様の印　●学問の神様・菅原道真公を勧請した高台寺の鎮守社です

墨書／奉拝、安心（あんじん）、利生堂　印／大慈、大悲、利生堂　●生命を見つめ直す利生堂は、お釈迦様の涅槃堂です

春と秋の夜間特別拝観では境内が幻想的にライトアップされます

アンドロイド観音「マインダー」による法話会も定期的に開催中

DATA

高台寺 MAP P.6-D2

開創／1606年（慶長11年）
山号／鷲峰山　宗旨／臨済宗建仁寺派
住所／京都府京都市東山区高台寺下河原町526　電話／075-561-9966
交通／京阪「祇園四条駅」から徒歩10分、または阪急京都線「京都河原町駅」から徒歩15分
拝観時間／9:00〜17:00（夜間特別拝観〜21:30）
御朱印授与／9:00〜16:30
拝観料／600円
URL https://www.kodaiji.com/

お守り

「財運御守」（500円）。金運も春の桜のように満開！

絵馬

秀吉の辞世から夢の1字を頂いた「絵馬」（500円）

静寂に包まれて
夢心地の名園散歩

法然上人の教えが息づく
浄土宗の総本山

知《ち》恩《おん》院《いん》

ご本尊
阿弥陀如来《あみだにょらい》
法然上人《ほうねんしょうにん》

日本最大級の三門を通り抜け、まずは友禅苑へ。補陀落池に観音像が立つ、心洗われる名園です。厳かな念仏が聞こえてくる境内の坂道を進み、華頂山に抱かれるように参拝したら、さらに100段ほどの階段を上り、勢至堂も訪ねましょう。法然上人が亡くなられた聖地で、客殿の山亭庭園からは京都の町並みが一望できます。

御朱印

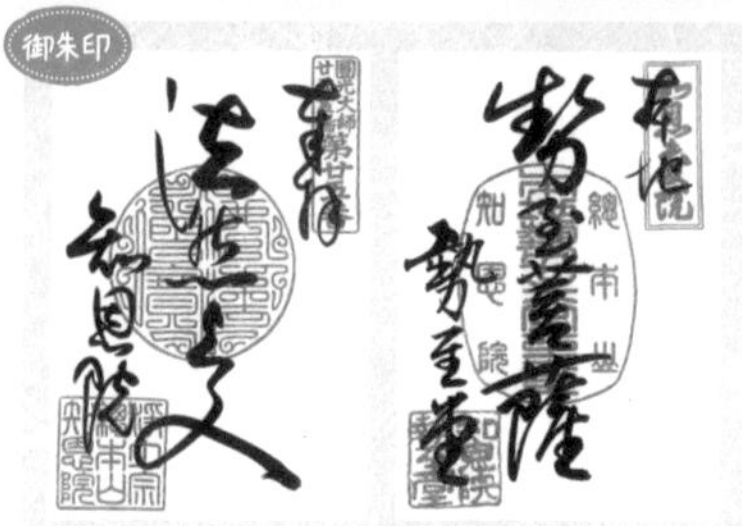

墨書／奉拝、法然上人、知恩院　印／圓光大師廿五霊場第廿五番、三宝印、浄土宗総本山知恩院　●法然上人がこの地に草庵を結んだのが浄土宗の始まりです

墨書／本地、勢至菩薩、勢至堂　印／知恩教院、総本山本地勢至堂之章 知恩院、知恩院勢至堂　●法然上人の本地身とされる勢至菩薩像が祀られています

高さ24m、横幅50mの三門は木造建築としては日本最大級です

DATA
知恩院 MAP P.6-D2
開創／1175年（承安5年）
山号／華頂山　宗旨／浄土宗総本山
住所／京都府京都市東山区林下町400
電話／075-531-2111
交通／京都市営地下鉄東西線「東山駅」から徒歩10分
拝観時間・御朱印授与／9:00～16:00
拝観料／境内無料（友禅苑300円、方丈庭園400円）
URL https://www.chion-in.or.jp/

縁結びの「濡れ髪さん」

勢至堂の奥には千姫（徳川秀忠の長女）の墓、その先には「濡髪大明神」の祠があります。濡髪の由来は童子に化けたキツネの髪がぬれていたため。

祇園町の女性たちからは縁結びの神様として信仰されています。

五感をリセットする
額縁庭園の特等席へ

上皇の仮御所となった名跡で
庭園とポップな襖絵がコラボ

青《しょう》蓮《れん》院《いん》門《もん》跡《ぜき》

ご本尊
熾盛光如来《しじょうこうにょらい》

平安から明治まで皇族が門主を務めた天皇家ゆかりの門跡寺院です。主庭は室町時代の芸術家・相《そう》阿《あ》弥《み》による築山泉水庭で、龍心池の背後には粟田山の借景が美しく広がります。時を忘れて庭園を楽しみたいなら、華《か》頂《ちょう》殿《でん》の座敷で抹茶を味わいながら過ごしましょう。襖にはポップアート調のハスの絵が60面も描かれ、伝統とモダンの感性が融合した不思議な空間です。

御朱印

御朱印帳はP.32で紹介！

墨書／奉拝、熾盛光如来、青蓮院　印／粟田御所、寺紋（菊の印）、青蓮院門跡　●門跡は皇族が住職が務めてきた寺院のことです。江戸時代には仮御所にもなりました

お守り

国宝の青不動から強力なパワーを授かる「心願成就御守」（600円）

華頂殿を飾るポップなハスの襖絵。現代の絵師・木村英輝氏が奉納しました

DATA
青蓮院門跡 MAP P.6-D2
開創／1150年（久安6年）　山号／なし　宗旨／天台宗
住所／京都府京都市東山区粟田口三条坊町69-1
電話／075-561-2345
交通／京都市営地下鉄東西線「東山駅」から徒歩7分
拝観時間／9:00～16:30　御朱印授与／9:00～16:00
拝観料／600円　URL http://www.shorenin.com/

別院で京都の絶景を満喫

「将軍塚青龍殿」は2014年（平成26年）に完成した青蓮院の別院です。国宝の青不動明王像をお祀りし、木造の大舞台からは京都市内を見渡す絶景が楽しめ、御朱印も頒布しています。本院から徒歩30分ほど。

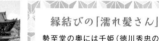

白砂と15の石が描く禅の美。作者が庭に込めた意図に想いをはせる

京都

幅25m、奥行き10mの石庭。代表的な枯山水の庭園で禅の美を極めている

石庭といえば龍安寺。
謎に満ちた石庭があまりにも有名です

龍《りょう》安《あん》寺《じ》

龍安寺の〝石庭〟として知られていますが、正しくは方丈庭園といい、国の史跡および特別名勝に指定されています。

石庭の広さは約75坪。大小15個の石が配置され、白砂を砂熊手で掃きならし、波紋のような文様が描かれています。石庭はいったい何を意図して作られたのでしょうか。白砂は大海原、石は島を表しているという説や中国の五岳の象徴といわれますが答えは不明です。室町時代に作庭されたと伝わっていますが、誰が作ったのかは謎に包まれています。

平安貴族が船を浮かべた鏡容池

平安時代、龍安寺一円は貴族の別荘でした。竜頭の船を鏡容池に浮かべて遊興していたという記録が文献に残っています。現在はカモやサギが池のほとりで見られ、1年を通じて四季の草花が楽しめます。

御朱印

墨書／奉拝、石庭、龍安寺印／大雲山、吾唯足知、龍安寺印　●吾唯足知は「われただたることをしる」と読み、釈迦が説いた言葉とされます

ご本尊
釈迦如来《しゃかにょらい》

DATA
龍安寺　MAP P.6-C1
開創／1450年（宝徳2年）
山号／大雲山
宗旨／臨済宗妙心寺派
住所／京都府京都市右京区龍安寺御陵ノ下町13
交通／立命館大学前バス停から徒歩7分、京福電鉄竜安寺駅から徒歩7分
拝観時間／8:00～17:00（12～2月は8:30～16:30）
御朱印授与時間／9:00～16:00（直書き）※繁忙期や時間外は書き置き対応となる場合あり
拝観料／大人600円、高校生500円、小中学生300円
URL http://www.ryoanji.jp

石庭をデザインした御朱印帳と紺地に「吾唯足知」を箔押しした御朱印帳（各1300円）

お守り

金糸が鮮やかな病気平癒のお守り（各500円）

歴史上の高僧を多数輩出！日本仏教の聖地 1dayトリップ

日帰りコース2 滋賀

「水の浄土」と称される琵琶湖を眼下に望み、京都の鬼門（北東）を1200年以上守ってきた比叡山。多くの高僧が学んだ「日本仏教の母山」を歩いて歴史を体感しましょう。

世界遺産
1994年登録

晴れた日には琵琶湖が一望できます

広大な山内に堂塔が点在
琵琶湖を望む天空の聖地へ

比《ひ》叡《えい》山《ざん》延《えん》暦《りゃく》寺《じ》

ご本尊
薬師如来《やくしにょらい》

「誰でもが仏になれる」という教えで人々を救いの道へと導いた伝教大師最澄。その最澄が開いた天台宗の総本山は、比叡山の全域が境内です。「延暦寺」とは山内に点在する約150ある堂塔の総称で、最盛期には3000もの堂宇が建ち並び、歴史上に名を残した高僧たちが学んできました。織田信長の焼き討ちで伽藍のほとんどは焼失しましたが、豊臣秀吉によって山門が再興され、今も修行道場の最高峰として厳粛な雰囲気に満ちています。東塔《とうどう》、西塔《さいとう》、横川《よかわ》と「三塔」のエリアに分かれる広大な聖域を1日かけてめぐり、祈りの山の息吹を感じれば、新たな気づきも得られるはず！

DATA
比叡山延暦寺 MAP P.7-B2
開創／788年（延暦7年）
山号／比叡山　宗旨／天台宗総本山
住所／滋賀県大津市坂本本町4220
電話／077-578-0001
交通／坂本ケーブル「ケーブル延暦寺駅」から徒歩8分の「延暦寺バスセンター」から山内各所へシャトルバスが運行
拝観時間／東塔・西塔・横川エリア9:00～16:00
※冬期は時間に変動あり
御朱印授与／東塔エリア9:00～16:00、西塔・横川エリア9:00～15:30　※冬期は時間に変動あり
巡拝料／東塔・西塔・横川共通券1000円（中高生600円、小学生300円）
URL https://www.hieizan.or.jp

山内の移動はシャトルバスが便利

3エリアは東海自然歩道で結ばれ、徒歩での往来も可能。すべてを回るなら「比叡山シャトルバス」を利用しましょう。1日乗り放題の「比叡山内バス1日乗車券」（大人1000円）がお得です。

停車バス停
比叡山頂 → 5分 → 東塔 → 2分 → 延暦寺バスセンター → 3分 → 西塔 → 4分 → 峰道 → 6分 → 横川 → 20分 → 比叡山頂

モデルプラン 日帰り

8:40 JR「京都駅」
← 電車とケーブルカーで1時間10分
9:50 東塔エリア（滞在90分）
← 徒歩で1分
11:25 比叡山会館でランチ（滞在60分）
← シャトルバスで3分
12:30 西塔エリア（滞在70分）
← シャトルバスで10分
13:50 横川エリア（滞在70分）
← シャトルバスと徒歩で30分
15:30 坂本ケーブル「ケーブル延暦寺駅」
← ケーブルカーと電車で1時間10分
16:40 JR「京都駅」

仏と人が心合わせる「仏凡一如」の総本堂

墨書／奉拝、醫王殿、比叡山、根本中堂　印／比叡山、薬師如来を表す梵字バイの印、比叡山根本中堂之印
●延暦寺始まりの地、根本中堂の御朱印です。醫王殿は本尊の薬師如来の異名です

各お堂の御朱印はそれぞれの授与所で！通常頒布で全13種

東塔エリア

延暦寺発祥地からスタート。❶～❻へ順番に参詣するとスムーズに移動できます！

三塔めぐりは根本中堂から！

1 根本中堂《こんぽんちゅうどう》

788年（延暦7年）に宗祖の最澄が一乗止観院（いちじょうしかんいん）として創建した、延暦寺最大の仏堂です。ご本尊が参拝者の目の高さの位置にあるのは「仏も人も平等」という教えを表します。

※2016年から約11年に及ぶ大改修を実施中（改修期間中も参拝は可能）

御朱印帳はP.31でも紹介！

不滅の法灯

ご本尊の薬師如来の前には1200年前に最澄が供えた「不滅の法灯」がともり続けています。「すべての世を照らし、すべての人々が救われるように」との願いが込められています。

2 文殊楼《もんじゅろう》

重要文化財

仕事学業

根本中堂前の急な石段の上に立つ、比叡山の総門です。楼上に知恵をつかさどる文殊菩薩が祀られ、多くの絵馬が結ばれています。

3 大黒堂

大黒天が毘沙門天・弁財天と一体となったご本尊「三面出世大黒天」は最澄が自ら刻んだもの。豊臣秀吉もこの大黒天に出世を願い、天下人まで上り詰めました！

開運出世

4 萬拝堂《まんぱいどう》

お堂の中央に千手千眼観音を祀っています。日本全国の神社仏閣からも神仏を勧請し、いろいろな御利益が頂けそうです。

願いをかなえる数珠

運気上昇

萬拝堂には人間の煩悩の数と同じ108個の大きな数珠玉が並んでいます。この玉を手で回しながら一周すると、煩悩が消えて開運を招くそうです。

5 大講堂

重要文化財

仏教の学問修行の道場です。本尊の大日如来とともに、比叡山で修行された法然や親鸞など各宗派の宗祖の木像も祀られています。

開運平和の鐘

開運招福

大講堂の鐘楼では誰でも自由に鐘をつけます。重さ4.5tの鐘は運を開くとされるので想いを込めましょう。大晦日の夜に除夜の鐘をつけるのは、幸先矢を授かった善男善女540名です。

6 阿弥陀堂《あみだどう》・法華総持院東塔《ほっけそうじいんとうどう》

先祖を供養する阿弥陀堂と、かつて全国6カ所の聖地を総括した法華総持院東塔が並びます。法華は法華経、総持は密教を指し、東塔は「円密一致」という教えを表します。

まだまだあります！東塔の御朱印

星峯稲荷《ほしみねいなり》

※根本中堂前で授与

正覚院《しょうがくいん》

※延暦寺会館で授与

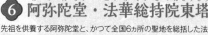

西塔エリア

東塔から北へ1kmほど。杉並木に囲まれて修行堂が集まっています。

東塔から移動して聖域へ！

渡り廊下は県境！左のお堂は京都、右は滋賀です
西塔バス停
"掃除地獄"と呼ばれる厳しい戒律を感じます

8 にない堂

重要文化財

同じ形をした法華堂と常行堂が渡り廊下で結ばれています。少年時代に比叡山に預けられた弁慶が、ふたつのお堂をつなぐ廊下を天秤のように担いだという伝説から「弁慶のにない堂」と呼ばれます。

9 浄土院

延暦寺を創建した最澄が眠る御廟で、比叡山で最も清浄な聖域です。今も開祖の真影には毎日の食事がささげられ、庭は落ち葉1枚も残さぬよう掃き清められています。

重要文化財

重要文化財

7 釈迦堂

延暦寺に現存するお堂として最古となる、西塔の本堂です。もともと三井寺の金堂でしたが1595年（文禄4年）に豊臣秀吉が移築させました。

縁日限定の特別御朱印

三塔の各お堂では本尊の縁日に紺紙金泥の御朱印も頂けます！

横川エリア

西塔から北へ4kmほど。親鸞や日蓮などの名僧も修行した場所です。

横川バス停
日本の浄土教始まりの場所！

10 横川中堂

遣唐使船を模した舞台造の本堂は、下から見上げるとまるで船が浮かんでいるようで圧巻です。秋は紅葉スポットとしてもにぎわいます。

11 四季講堂

重要文化財

「元三大師」として知られる延暦寺の中興の祖、良源の住居跡です。春夏秋冬それぞれの季節に、ここで法華経を論議したことが名称の由来です。

角大師の印が入ります！

12 恵心堂

恵心僧都源信の旧跡で、念仏三昧の道場です。源信はここで地獄・極楽の書『往生要集』を著述し、念仏思想の基礎を築きました。

元祖おみくじで人生相談

元三大師堂とも呼ばれる四季講堂は、おみくじの原型を考案した良源ゆかりのお堂です。おみくじ体験では、まずは僧侶に迷いごとを相談し、心のモヤモヤを整理してからおみくじを引いて、最後にお経を唱えて祈願します。「おみくじ体験」は四季講堂（TEL:077-578-3683　志納金3000円）へ事前予約しましょう。

元三大師が観音菩薩から授かった百の言葉がおみくじの原型です

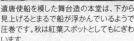

観音籤

宿坊でプチ修行を体験!

東塔エリアにある宿坊の延暦寺会館では、修行にチャレンジできます。坐禅や写経を通じて、ゆったりと自分を見つめ直してみませんか？

坐禅

約60分 精神統一で集中力UP!

禅の基本的な修行を体験しましょう。開始前には心得がレクチャーされ、足を組むためのストレッチを行います。

時間／午前の部11:00〜、午後の部14:30〜（要予約）
料金／1100円（2名以上から受付）

写経

約90分 心から邪念が消え去ります

無心で般若心経を書き写せば、心身がすっきりと浄化されます。完成した写経はお守りとして持ち帰ることもOKです。

時間／延暦寺会館で確認（要予約）　料金／1100円
（筆などの書道具や写経用紙が用意されています）

国宝殿で延暦寺の歴史に触れる

延暦寺バスセンターの近くにある、国宝殿も訪問しましょう。平安時代からの貴重な仏像や仏画が展示され、織田信長の焼き討ちで被災した仏像なども収蔵しています。

国宝殿
開館／8:30〜16:30
※冬期は時間に変動あり
拝観料／大人500円（中高生300円、小学生100円）

延暦寺会館

坐禅や写経などをじっくり体験したいなら宿坊ステイがおすすめです。全17室は高級ホテルのような趣で、比叡山の自然水を使った大浴場を完備。根本中堂までも徒歩3分です。

●予約・問い合わせ
電話／077-579-4180
URL http://syukubo.jp/

延暦寺会館からは琵琶湖を望むパノラマが楽しめます

ランチは「望湖」で精進料理を味わいましょう。食事は3日前までに予約必須です

守り本尊の梵字で開運!

「喫茶れいほう」では梵字ラテや、梵字テラミス（土・日曜のみ提供）が味わえます

比叡山は「仏教の超エリート学校」

仏教界のレジェンドたちが学びました!

平安末期から鎌倉時代にかけて、各宗派の開祖となる高僧たちが比叡山で修行しました。日本最高の頭脳が集結し、国宝的な人材を育成した道場は、いわば仏教界の総合大学です。

最澄《さいちょう》　伝教大師
766〜822年　近江（滋賀県）出身

天台宗の開祖。比叡山に草庵を編み「一隅を照らす人こそが国宝である」と説いた人材育成のパイオニア的な存在です。

親鸞《しんらん》　見真大師
1173〜1263年　京都出身

比叡山で20年修行したのち、法然の門弟となり、浄土真宗の開祖へ。阿弥陀仏の力で救われる「絶対他力」の教えで有名です。

道元《どうげん》　承陽大師
1200〜1253年　山城（京都府）出身

禅宗の最大宗派、曹洞宗の開祖。修行の中にこそ悟りがあると「ひたすら坐禅せよ」と説き、大仏寺（後の永平寺）を創建。

法然《ほうねん》　円光大師
1133〜1212年　美作（岡山県）出身

浄土宗の開祖。13歳で比叡山に上り30年ほど修行しました。ただ一心に「南無阿弥陀仏」を唱えれば往生できると説きました。

栄西《えいさい》　千光国師
1141〜1215年　備中（岡山県）出身

臨済宗の開祖。14歳で延暦寺に入って天台宗の教学と密教を学び、京都の建仁寺を開山。お茶の習慣も再ブレークさせました。

日蓮《にちれん》　立正大師
1222〜1282年　安房（千葉県）出身

日蓮宗開祖。「南無妙法蓮華経」の題目にすべてが込められていると説きました。多くの法難を乗り越えた不屈の僧侶です。

湖東三山・湖南三山

四季の花々とすがすがしい境内。仏様も堂宇も悠久の時をしのばせる

琵琶湖の東にある３つの寺院、西明寺、金剛輪寺、百済寺を「湖東三山」。そして湖南市に位置する善水寺、常楽寺、長寿寺の３つの寺院を「湖南三山」といいます。どのお寺も古い歴史をもち、自然豊かな境内に魅せられます。

ご本尊
薬師如来《やくしにょらい》（秘仏）

本堂は鎌倉時代の建立で国宝第1号。
本堂右手に建つ総桧造りの三重塔も国宝

湖東三山のなかで最北に位置。
緑に包まれた広大な境内

西《さい》明《みょう》寺《じ》

樹木が茂る広大な境内は32万坪。木の香りの漂う、澄んだ空気に満たされています。本堂に入ると須弥壇には十二神将像がずらりと並びます。中央にはご本尊薬師如来が納められた大きな厨子が安置されています。薬師如来が病を治す医師なら十二神将は看護師に当たるそうです。「心身の悩みを薬師如来に伝え、救済の補佐をするのが十二神将の役目です」と住職。山内には苔が自生し、雨上がりにはさわやかな緑を見せてくれます。

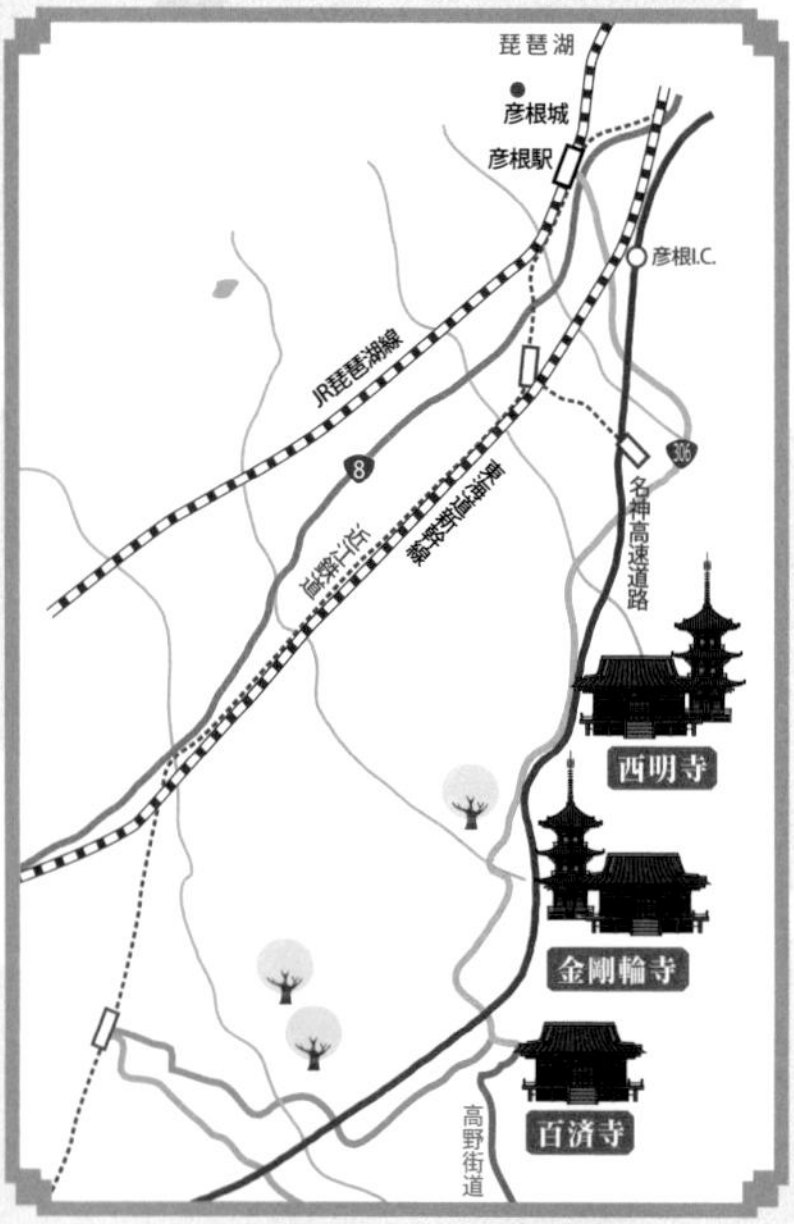

西明寺十二神将像「伐折羅（ばさら）大将」は丑年の守護神

DATA

西明寺 MAP P.7-B2
開創／834年（承和元年）
山号／龍應山　宗旨／天台宗
住所／滋賀県犬上郡甲良町池寺26
電話／0749-38-4008
交通／JR「彦根駅」から車で20分、JR「河瀬駅」から車で15分
拝観時間／8:30〜16:30（受付は閉門30分前まで）
御朱印授与／8:30〜16:00　拝観料／800円
URL https://saimyouji.com/

モデルプラン 日帰り

9:00 JR「河瀬駅」または近江鉄道「尼子駅」 ← タクシーで15分 ← 9:20 西明寺（滞在60分） ← 徒歩（4km） ← 11:20 金剛輪寺（滞在60分）＼周辺でランチ／ ← タクシー ← 14:00 百済寺（滞在60分） ← バス ← 18:27 近江鉄道「八日市駅」

聖武天皇の勅願で開山。
「血染めの紅葉」といわれる屈指の紅葉名所

金《こん》剛《ごう》輪《りん》寺《じ》

通称「生身《なまみ》の観音」と呼ばれる秘仏で知られます。開山の行基菩薩が観音像を彫っていたとき、木肌から一筋の血が流れたとの寺伝から、こう呼ばれるようになりました。

「行基菩薩は像に魂が宿ったと感じ、血が流れた時点で彫るのをやめました。ですから像は粗削りですが実に神々しく、厳しさのなかにも慈悲を感じさせる観音像です」と住職は語ります。

湖東三山いちの名園古庭とされる見事な庭園があります。

ご本尊
聖観世音菩薩《しょうかんぜおんぼさつ》（秘仏）

御朱印

墨書／奉拝、聖観世音、金剛輪寺　印／近江西国第拾五番、聖観世音を表す梵字サ、金剛輪寺

DATA
金剛輪寺
MAP P.7-B2
開創／741年（天平13年）
山号／松峰山
宗旨／天台宗
住所／滋賀県愛知郡愛荘町松尾寺874
電話／0749-37-3211
交通／JR「稲枝駅」よりタクシー15分
拝観時間／8:30～17:00
拝観料／800円
URL http://kongourinji.jp/

鎌倉時代建立の本堂と三重塔、そして室町時代の二天門などが立ち並びます。本堂は国宝に指定されています

聖徳太子によって創建された
1400年以上の歴史を有する古刹

百《ひゃく》済《さい》寺《じ》

ご本尊
十一面観音《じゅういちめんかんのん》（秘仏）

御朱印の「植木観音」は、立木の大木に聖徳太子が観音像を彫らせたことから、こう呼ばれるそうです。

「この寺が創建された時代、百済国は先進国です。当寺には百済から高僧が渡来し、優れた文化を伝えました。植木には文化・技術を日本に移植したという意味も込められているのでしょう」と住職。

琵琶湖が望める見事な庭園があり、織田信長やルイス・フロイスとの関係も深い歴史の寺でもあります。

御朱印

墨書／奉拝、植木観音、百済寺　印／近江西國十六番、植木観音を表す梵字カーン、釋迦山百済寺

御朱印帳

極楽橋からの参道と紅葉をデザインした御朱印帳（1300円）

DATA
百済寺　MAP P.7-B2
開創／606年（推古天皇14年）
山号／釈迦山　宗旨／天台宗
住所／滋賀県東近江市百済寺町323
電話／0749-46-1036
交通／近江鉄道「八日市駅」よりタクシー10分
拝観時間／8:30～17:00
拝観料／600円
URL http://www.hyakusaiji.jp/

仁王門、本堂（重文）は室町時代の建立。信長は石段から石を抜き、安土城建設に利用した

本堂内陣と内陣の裏を住職の説明を聞きながら拝観することができます

四天王は平安時代の作で、旧国宝、現在重要文化財に指定されています。また不動明王は滋賀県内最古の不動明王です

ご本尊
薬師如来《やくしにょらい》(秘仏)

本堂は入母屋造で南北朝時代の建立。国宝に指定されています

善《ぜん》水《すい》寺《じ》

檜皮葺きの屋根がきれいな曲線を描く本堂は1000年の風雪に耐えた風格を感じさせます。堂内の内陣には不動明王、四天王、毘沙門天など重要文化財の仏像三十数体が大きな厨子を囲んで並び、まさに壮観です。彩色や文様がよく残り、造像時の姿をイメージすることができます。

厨子の中には像高1mの本尊薬師如来坐像が安置されています。993年（正暦4年）の作で秘仏。御開帳は不定期となっています。

帝釈天立像、持国天、増長天立像、四天王立像が安置されている本堂の内陣。平安時代の仏像が、1000年前と変わらない姿で拝観できます

御朱印

墨書／奉拝、薬師如来、善水寺
印／国寶湖南三山、薬師如来を表す梵字ベイ、善水寺印

DATA
善水寺
MAP P.7-B2
開創／708～715年（和銅年間）
山号／岩根山
宗旨／天台宗
住所／滋賀県湖南市岩根3518
電話／0748-72-3730
交通／「岩根」バス停より徒歩10分
拝観時間・御朱印授与／9:00～17:00（冬期～16:00）
拝観料／500円
URL https://www.zensuiji.jp/

本堂前には百伝池があります。境内には善水元水が湧き、お水取りができます

モデルプラン 日帰り

9:00 JR「甲西駅」 → バスで20分 → 9:20 岩根（滞在10分） → 9:30 善水寺（滞在60分） → タクシーで30分 → 11:00 常楽寺（滞在60分）周辺でランチ → 徒歩で20分 → 13:30 長寿寺（滞在60分） → バスで30分 → 15:00 JR「石部駅」

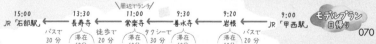

ご本尊
千手観音《せんじゅかんのん》

歴代天皇によってあつく信仰された名刹。
本堂・三重塔は国宝

常《じょう》楽《らく》寺《じ》

荒廃していた常楽寺を現住職の若林孝暢さんが引き継いだのは1998年（平成10年）。市町村合併で2004年湖南市が誕生したのを機に「湖南三山」を立ち上げ、住職がひとりで17年掛けて380本の雑木等を伐採し、380本のモミジを植樹し、千本のドウダンツツジも植樹しました。そして、国宝の本堂と三重塔、多くの重文の仏像を後生に残すため、今も境内整備を続けています。

近江西国三十三所霊場第1番札所です。

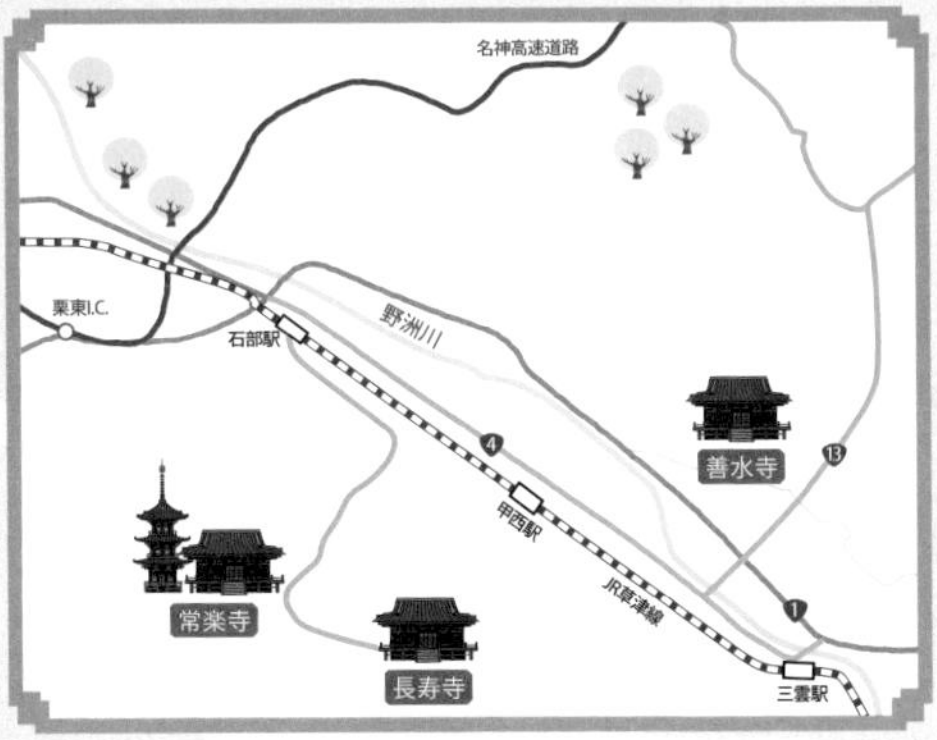

DATA
常楽寺 MAP P.7-B2
開創／伝・和銅年間（708年～715年）
山号／阿星山　宗旨／天台宗
住所／滋賀県湖南市西寺6-5-1
電話／0748-77-3089
交通／JR「石部駅」からタクシー7分、または「西寺」バス停から徒歩5分
拝観時間・御朱印授与／10:00～16:00
拝観料／600円
URL https://www.eonet.ne.jp/~jo-rakuji/
※拝観には事前に電話またはFAXで予約が必要です

三重塔は1400年（応永7年）の建立。釈迦如来坐像を安置しています

ご本尊
子安地蔵《こやすじぞう》

8世紀初め、天平時代の創建。
三山のなかで最古の本堂

長《ちょう》寿《じゅ》寺《じ》

樹木に囲まれ静かにたたずむ本堂は桧皮葺きの優美な屋根をもち、国宝に指定されています。堂内を照らすやわらかな光のなかに、釈迦如来、阿弥陀如来が浮かび上がります。本尊は秘仏子安地蔵。御開帳は年に一度。本尊の姿を知る住職にうかがうと「子供を守る仏様ですから、少しタレ目でそれは優しい表情をなさっています」とのこと。

境内も紅葉、草花に彩られ、優しさがあふれているようです。

御朱印

墨書／奉拝、悲願金剛、阿星山、長寿寺　印／国宝湖南三山、本尊・聖観世音・毘沙門天、三体を表す梵字、長寿寺印

墨書／奉拝、子安地蔵菩薩、阿星山、長寿寺　印／国宝湖南三山、本尊・聖観世音・毘沙門天、三体を表す梵字、長寿寺印

DATA
長寿寺
MAP P.7-B2
開創／729～749年（天平年間）
山号／阿星山
宗旨／天台宗
住所／滋賀県湖南市東寺5-1-11
交通／JR「石部駅」からタクシー10分、または「長寿寺」バス停から徒歩すぐ
拝観時間・御朱印授与／9:00～16:00
拝観料／500円
URL https://chojyuji.jp/

8世紀初め天平時代の創建。東大寺の開山良弁を開基とし創建。内陣には厨子を中心に左に釈迦如来（重文）、右に阿弥陀如来（重文）が安置されています

琵琶湖を周遊！

歴史を動かした偉人に思いをはせる 戦国武将ゆかりのお寺めぐり

滋賀県は古くから水運や交通の要衝として重要視され、戦国時代には多くの合戦の舞台となりました。琵琶湖の風景を楽しみながら、有名な歴史上の人物の足跡をたどる旅はいかがでしょうか。

琵琶湖に浮かぶ竹生島に位置する豊臣家に保護された「神のすむ島」

ご本尊 弁才天《べんざいてん》

宝《ほう》厳《ごん》寺《じ》

竹生島は島全体が国の名勝に指定されています。開創は724年（神亀元年）、聖武天皇が遣わした僧行基が堂宇を建立し、弁才天を安置。その後、観音堂を建て、千手観音を祀ったと伝わります。

観音堂と、それに接する唐門や渡廊下は、豊臣秀吉が築城した大坂城の極楽橋を、秀吉没後に京都の豊国廟に移築。さらにその後、秀吉の子・秀頼の命によって竹生島に移築されたと考えられ、豊臣期大坂城の唯一の遺構として注目を集めています。

観音堂、唐門、渡廊下を移築した際の記念として、秀頼の後見役である片桐且元が手植えしたと伝わる樹齢400年の「もちの木」

唐門には豪華絢爛な飾金具や鳳凰、牡丹の彫刻が施されており、桃山様式の代表的な遺構として国宝に指定されています

願いごとを書いた紙を入れて、幸せを導く女神、弁才天に奉納する「弁天様の幸せ願いダルマ」（600円）。ダルマは手作りのため、表情に個性があります

御朱印

墨書／奉拝、大悲殿、宝厳寺　印／西國第三十番、千手千眼観音の宝印＋竹生島、竹生島寶厳寺　●宝厳寺の観音堂は、西国三十三所の第30番札所で、ご本尊として千手千眼観世音菩薩が祀られています

墨書／竹生島、大辯才天、宝厳寺　印／大辯才天女降臨之霊場、辯才天の宝印、竹生島寶嚴寺　●「日本三弁才天」のなかでも最古の弁才天のため、宝厳寺のご本尊は特別に「大」の字をつけて「大弁才天」と称します

DATA
宝厳寺 MAP P.7-B1
開創／724年（神亀元年）
山号／厳金山
宗旨／真言宗豊山派
住所／滋賀県長浜市早崎町竹生島
電話／0749-63-4410
交通／JR「長浜駅」から徒歩10分、「長浜港」から観光船で30分
拝観時間・御朱印授与／自由
入島料／600円（竹生島奉賛会）
URL http://chikubushima.jp/

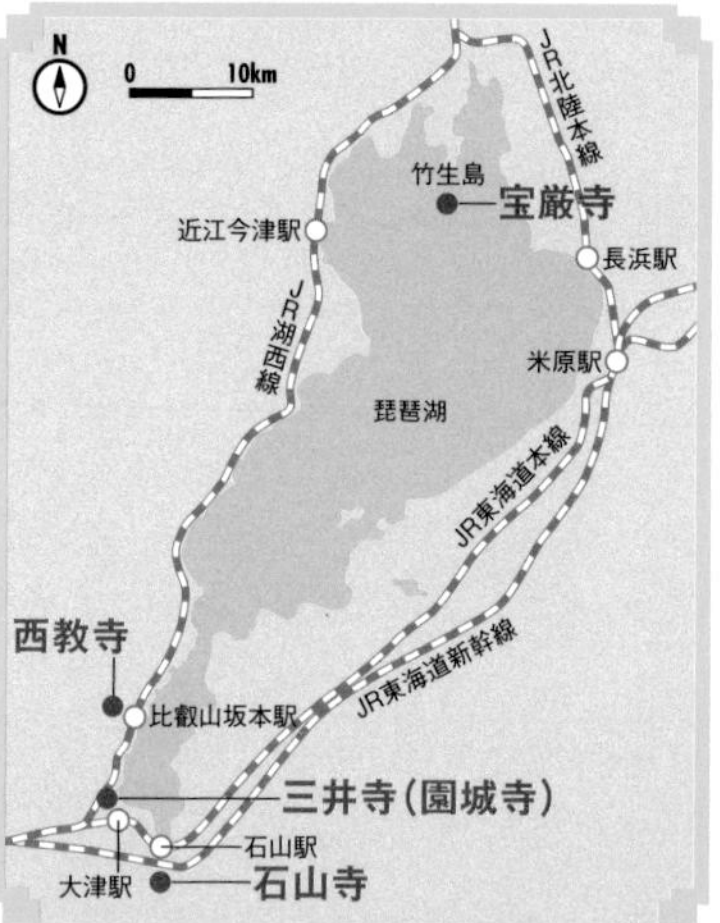

ご本尊
阿弥陀如来《あみだにょらい》

全国に約400の末寺を有する総本山で
明智光秀とその一族が眠る寺

西教寺《さいきょうじ》

聖徳太子が恩師である高麗の僧慧慈、慧聡のために創建したと伝わります。1486年(文明18年)に真盛上人が入寺。堂塔と教法を再興して不断念仏を始め、以来今日にいたるまで、1日も絶やさず念仏と鉦の音が響いています。
戦国時代には織田信長による延暦寺焼き討ちで焼失しましたが、直後に坂本城主となった明智光秀が復興に尽力。そのことから境内には光秀一族の墓があります。総門は坂本城城門を移築したもので、明智光秀資料館もあります。

琵琶湖を周遊!

本堂の奥にお墓があります

1582年(天正10年)にこの世を去った光秀は、正室の熙子や一族の墓とともに祀られています

美しい装飾が施された宗祖大師殿の唐門。この付近は琵琶湖を眼下に望む絶景スポットでもあります

紅葉の名所としても知られます。総門より続く約150mの参道が真っ赤に染まり、「もみじ参道通り抜け」を楽しみながら参拝できます

御朱印

墨書／奉拝、不断念佛、総本山西教寺
印／聖徳太子草創之道場戒光山、佛法僧寶の三宝印、総本山西教寺
●紅いモミジの葉の印が押された、秋限定御朱印です。春は新緑のモミジの印を押してくれます

御朱印帳

御朱印帳はP.35でも紹介!

麒麟が描かれた御朱印帳(2420円)。「光秀が愛した西教寺」という文字も入っています

DATA
西教寺 MAP P.7-B2
開創／飛鳥時代
山号／戒光山
宗旨／天台真盛宗
住所／滋賀県大津市坂本5-13-1
電話／077-578-0013
交通／JR「比叡山坂本駅」から江若バス「西教寺」バス停下車すぐ
拝観時間・御朱印授与／9:00～16:30
拝観料／500円
URL http://saikyoji.org/

SPOT

納涼 風鈴参道通り抜け

2021年の夏から始まった催しで、約2000個もの風鈴が飾られます。この風鈴は僧侶たちが手作業で色づけしたもの。涼やかな音で疫病や邪気を祓い、訪れた人の気持ちを明るくしたいという思いが込められています。

モデルプラン 日帰り

8:00 JR「米原駅」 ← 鉄道+徒歩で40分 ← 8:40 長浜港 ← 船で45分 ← 9:25 宝厳寺(滞在110分) ← 船で30分 ← 11:45 今津港(滞在40分)(周辺でランチ) ← 徒歩+鉄道+車で1時間 ← 13:50 西教寺(滞在40分) ← 車で35分 ← 15:05 石山寺(滞在40分) ← 車で30分 ← 16:15 三井寺(滞在45分) ← 車で10分 ← 17:10 JR「大津駅」

『源氏物語』誕生の地として知られ
淀殿によって復興した古刹

石山寺《いしやまでら》

本堂は滋賀県最古の木造建築物とされ、内陣（正堂）と外陣（礼堂）を相の間でつなぐ複合建築になっています。内陣の東端にある部屋は紫式部が参籠し、『源氏物語』を起草した場所と伝わります。1573年（天正元年）、将軍足利義昭が織田信長との争いで石山寺を陣地とした際、戦火に見舞われて多くの堂宇が焼けました。豊臣秀吉の時代になると、秀吉の側室である淀殿の寄進で改修、再建され、現在の石山寺の姿が完成したのです。

ご本尊
如意輪観世音菩薩《にょいりんかんぜおんぼさつ》

紫式部が石山寺に参籠した部屋と伝わる「源氏の間」。琵琶湖に映る月を見て『源氏物語』の着想を得たといわれています

御朱印帳

石山寺が所蔵する、江戸時代に土佐光起によって描かれた紫式部の肖像画を表紙に使用した「紫式部・源氏物語 御朱印帳」（1200円）

源氏の間の近くには、式部ゆかりの歌を織り込んだ「紫式部 開運おみくじ」（200円）が置かれ、専用の結び所も設置されています

おみくじ

本堂へ向かう石段を上ると現れる奇岩「硅灰石」は、国の天然記念物に指定されています。その上には日本最古といわれる国宝の多宝塔がそびえ、源頼朝の寄進と伝わります

御朱印

墨書／奉拝、大伽藍、石山寺　印／西國十三番、如意輪観世音菩薩を表す梵字「タラーク」+石山寺、石山寺之印 ●「大伽藍」は石山寺の大きな本堂を指し、平安時代と桃山時代の建築様式が同居する珍しい造りをしています

DATA
石山寺 MAP P.7-B2
開創／747年（天平19年）
山号／石光山
宗旨／東寺真言宗
住所／滋賀県大津市石山寺1-1-1
電話／077-537-0013
交通／京阪「石山寺駅」から徒歩10分
拝観時間・御朱印授与／8:00～16:30
拝観料／600円
URL http://www.ishiyamadera.or.jp/

石山寺の正面を飾る東大門。淀殿によって修理されたとされ、豊臣氏の五七桐紋が透かし彫りされています

古くから数多の争乱を乗り越えた
戦国三英傑とも縁深い不死鳥の寺

三《み》井《い》寺《でら》(園《おん》城《じょう》寺《じ》)

大友与多王が父の大友皇子を弔うために寺を寄進し、天武天皇から「園城」という勅額を賜ったことが始まりとされます。天智・天武・持統天皇の産湯に使われたという霊泉があり、「御井の寺」と称されていたことから通称「三井寺」と呼ばれます。戦国時代には織田信長が比叡山焼き討ちの際に本陣をおき、勢力を拡大していきました。豊臣秀吉によって廃寺となりますが、秀吉の死後、秀吉の正室・北政所や徳川家康の寄進によって復興しました。

ご本尊
弥勒仏《みろくぶつ》

山内で最も格式の高い子院「光浄院」。国宝に指定されている客殿は事前申し込みで特別拝観ができます

三井寺中院の表門「仁王門」。天台宗の古刹・常楽寺の門を秀吉が伏見に移した後、家康が現在地に移築したとされます

三重塔は、秀吉によって伏見城に移築された大和の比蘇寺の塔を、後に徳川家康が三井寺に寄進したもので、室町時代初期の建築と伝わります

近江八景として知られる「三井の晩鐘」。梵鐘は1602年(慶長7年)に鋳造されました。その音色の美しさから「天下の三銘鐘」のひとつにも数えられています

御朱印

御朱印は P.27でも紹介!

墨書/奉拝、弥勒佛、三井寺　印/鎮國道場、弥勒仏を表す梵字、三井寺金堂　●北政所によって再建された金堂は国宝に指定されており、永久秘仏である本尊弥勒仏が祀られています

SPOT

夜桜　春のライトアップ

万葉の時代から桜の名所として親しまれてきた三井寺。境内に咲き乱れる1000本を越えるソメイヨシノや山桜、枝垂れ桜が鮮やかにライトアップされ、ことに参道沿いの桜並木は圧巻。幻想的な夜桜の世界が広がります。

DATA

三井寺(園城寺)　MAP P.7-B2
開創/686年(朱鳥元年)
山号/長等山
宗旨/天台寺門宗総本山
住所/滋賀県大津市園城寺町246
電話/077-522-2238
交通/京阪「三井寺駅」から徒歩10分
拝観時間・御朱印授与/8:00~17:00(受付16:30まで)
拝観料/600円
URL http://www.shiga-miidera.or.jp

持ち歩けば気持ちも上がる♪ かわいい授与品で女子力アップ

京都市内には由緒ある仏閣がたくさん。お守りなどの授与品にも、お寺の特徴が表れています。いつでも身に付けたくなるようなかわいい授与品を手に入れて、運気も気持ちもUPさせましょう！

ご本尊
薬師如来《やくしにょらい》

唯一現存する平安京の遺構。
空海の説く真言密教始まりの地

東寺《とうじ》(教《きょう》王《おう》護《ご》国《こく》寺《じ》)

東寺は教王護国寺ともいい、平安遷都の2年後に、桓武天皇が造営を命じた官立の寺院です。823年（弘仁14年）、嵯峨天皇が空海に下賜され、日本初の密教寺院として本格的な活動が始まりました。

空海が建立に着手したのが講堂で、堂内には密教の教えを視覚的に表現した二十一体の仏像が安置されています。仏像群は如来、菩薩、明王、天部で構成され、立体曼荼羅とも呼ばれています。毎月21日に弘法大師の縁日が開かれ、多くの露店が並びます。

お守り

ピンクのさくらんぼとハートが組み合わさった「恋の実」(500円)。幸せな恋が続くといわれる、人気のお守りです

不二桜という枝垂れ桜が有名で、桜にちなんだお守りが多数。「縁むすびお守りストラップ」(500円)の桜の水引は、一つひとつ手作りで結んだものです

京都のランドマーク的な存在として親しまれる五重塔は、高さ約55mで木造建造物として日本一の高さ。国宝に指定されており、空海が唐から持ち帰った仏舎利を納めています

御朱印

墨書／奉拝、弥勒菩薩を表す梵字「ユ」＋弘法大師、東寺　印／済世利人、宝印、真言宗総本山東寺印　●「京都三弘法」のひとつで、京都三弘法まいり専用の御朱印帳やお札などの授与品もあります

御朱印帳はP.35で紹介！

DATA
東寺（教王護国寺）
MAP P.6-C2
開創／796年（延暦15年）
山号／八幡山
宗旨／東寺真言宗
住所／京都府京都市南区九条町1
電話／075-691-3325
交通／JR「京都駅」から徒歩15分
拝観時間／8:00～17:00（受付16:30まで）
御朱印授与／8:30～16:30
拝観料／御影堂・食堂は無料、金堂・講堂・五重塔は有料
URL https://toji.or.jp/

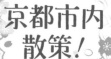

高い格式を誇る日本初の門跡寺院
御室桜の名所としても有名

仁和寺《にんなじ》

ご本尊
阿弥陀如来《あみだにょらい》

平安前期に創建されて以来、明治維新頃まで皇室出身者が門跡を務めたことにより、「御室御所」と呼ばれてきました。寺宝には皇室ゆかりの品も多く、国宝や重要文化財を保管している霊宝館は、年に数回公開されます。国宝に指定されている金堂には、江戸時代に作られた本尊阿弥陀如来座像が安置されています。国宝阿弥陀三尊は霊宝館に安置。こちらは平安時代の作です。中門以北（伽藍）に約200本植えられた御室桜は、国の名勝に指定されています。

仁和寺正面に建つ「二王門」は、左右に阿吽の二王像を安置しています。京都三大門のひとつに数えられ、重要文化財に指定されています

二王門をくぐってすぐ西側にある「仁和寺御所庭園」。仁和寺の創建者、宇多天皇が出家後に僧坊を建てた場所でもあり、御所風建築物や雅やかな庭園が広がります

背丈の低い御室桜越しに眺める五重塔は、絶景スポットとして有名です

御朱印帳はP.33でも紹介！

御朱印帳

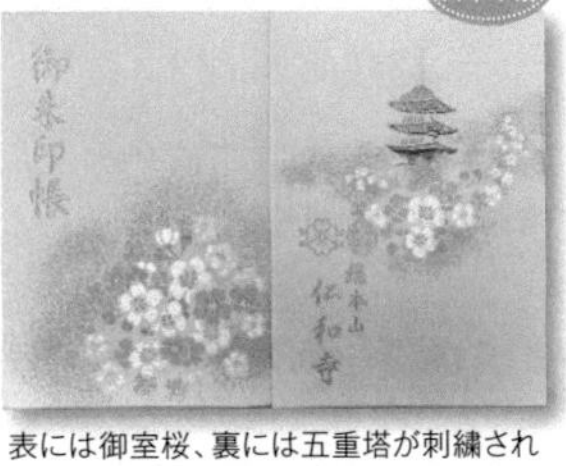

表には御室桜、裏には五重塔が刺繍されており、広げると満開の御室桜の仁和寺の景色が現れます（1680円）

御朱印

墨書／大内山、本尊阿弥陀如来、仁和寺　印／一味和合、阿弥陀如来を表す梵字「キリーク」、総本山仁和寺　●通常8種類の御朱印のほか、季節の切り絵御朱印をはじめ、さまざまな限定御朱印が多数あります

お守り

おむろ桜の別名「おたふく桜」にちなんだお守り「招福おたふく守」（700円）

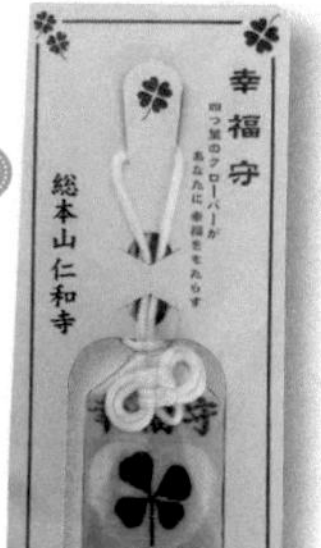

本物の四葉のクローバーを使用した「幸福守」（700円）。白とピンクが選べます

桜の形をした、かわいらしい「開運健康おむろ桜守」（700円）

DATA

仁和寺 MAP P.6-C1

開創／888年（仁和4年）
山号／大内山　宗旨／真言宗御室派
住所／京都府京都市右京区御室大内33
電話／075-461-1155
交通／市バス「御室仁和寺」バス停から徒歩1分
拝観時間・御朱印授与／9:00～17:00（受付16:30まで）
※12月～2月は9:00～16:30（受付16:00まで）
拝観料／仁和寺御所庭園800円　高校生以下拝観料無料（次世代への文化支援として）
URL http://www.ninnaji.jp/

モデルプラン 日帰り

9:30 JR「京都駅」 ← 徒歩で15分 ← 9:45 東寺（滞在45分） ← 徒歩と電車で25分 ← 10:55 仁和寺（滞在45分） ← 徒歩で10分 ← 11:50 御室仁和寺駅（周辺でランチ 滞在50分） ← バス＋鉄道で40分 ← 13:20 頂法寺（滞在45分） ← 鉄道で30分 ← 14:35 金戒光明寺（滞在45分） ← バス＋鉄道で55分 ← 16:15 随心院（滞在45分） ← 鉄道で30分 ← 17:30 JR「京都駅」

ご本尊
如意輪観世音菩薩《にょいりんかんぜおんぼさつ》

いけばな発祥の地として知られ
本堂の形から六角堂とも呼ばれる

頂《ちょう》法《ほう》寺《じ》

聖徳太子によって開かれたと伝わり、本堂の裏にある池には、聖徳太子が身を清めた沐浴の古跡があります。池のほとりに僧坊を建てたので池坊と呼ばれるようになりました。住職の池坊は仏前に供える花に工夫を凝らし、それが室町時代の「いけばな」成立にいたったのです。境内には家元道場があり、3月中旬、11月中旬にはいけばな展が開かれ、家元の作品をはじめとする「いけばな」が並びます。

御朱印

墨書／奉拝、六角堂、頂法寺　印／西國十八番、如意輪観世音菩薩を表す梵字「キリク」、六角堂　●本堂の六角堂にちなみ、梵字の周りが六角形で囲まれています

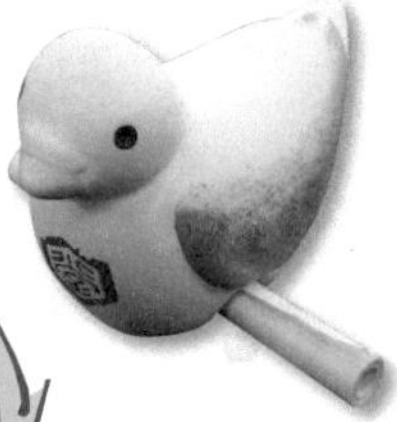

素焼きの「鳩みくじ」(500円)。このほかにも、境内に集まる幸運のシンボル、鳩をモチーフにした授与品がたくさんあります

DATA
頂法寺　MAP P.6-D2
開創／587年(用明天皇2年)　山号／紫雲山　宗旨／単立
住所／京都府京都市中京区六角東洞院西入堂之前町
電話／075-221-2686
交通／地下鉄「烏丸御池駅」から徒歩3分、阪急京都線「烏丸駅」から徒歩5分
拝観時間／6:00～17:00　御朱印授与／8:30～17:00
拝観料／無料　URL http://www.ikenobo.jp/rokkakudo/

「アフロ仏像」で注目を浴びる
浄土宗と新選組始まりの地

金《こん》戒《かい》光《こう》明《みょう》寺《じ》

ご本尊
阿弥陀如来《あみだにょらい》

浄土宗の開祖、法然上人が初めて草庵を結んだ地に建ちます。法然上人の真影が毎年4月25日の御忌法要に公開されます。幕末には、京都守護職に就任した会津藩主松平容保が寺内に本陣を構え、その配下として新選組が誕生しました。墓地内には「五劫思惟阿弥陀仏」が鎮座。アフロのような頭部が特徴的で、長い時間修行した結果、螺髪が渦を巻いて盛り上がった姿が表現されています。

御朱印

御朱印は P.24でも紹介！

墨書／奉拝、五劫思惟、洛東、金戒光明寺　印／法蔵菩薩四十八願、五劫思惟阿弥陀仏+くろ谷、白河禅房大本山黒谷印　●五劫思惟阿弥陀仏は全国でも十六体ほどしかなく、特に金戒光明寺の五劫思惟阿弥陀仏は石で彫刻された珍しい石仏です

御朱印帳

御朱印帳は P.35でも紹介！

表紙にアフロ仏像を配した御朱印帳(各1300円)。ほかにもアフロこんぺいとうや絵はがきなど、さまざまなアフログッズを展開しています

DATA
金戒光明寺　MAP P.6-D1
開開創／1175年(承安5年)　山号／紫雲山　宗旨／浄土宗
住所／京都府京都市左京区黒谷町121　電話／075-771-2204
交通／市バス「岡崎道」バス停から徒歩10分
拝観時間・御朱印授与／9:00～16:00
拝観料／無料　URL http://www.kurodani.jp/

ご本尊
如意輪観世音菩薩《にょいりんかんぜおんぼさつ》

小野小町ゆかりの寺

随《ずい》心《しん》院《えん》

弘法大師より8代目の弟子にあたる仁海僧正によって創建。1229年（寛喜元年）に後堀河天皇から門跡の宣旨を受けて門跡寺院となりました。平安時代の歌人で絶世の美女、小野小町が晩年を過ごしたと伝わり、小町に寄せられた1000通もの恋文を埋めたとされる小町文塚や、小町が使用したとされる〝化粧の井戸〟など、小町ゆかりの遺跡があります。梅の名所でもあり、小野梅園には遅咲きの「はねず梅」をはじめ約200本の梅が3月に見頃を迎えます。

小野小町にちなむ「はねず踊り」

毎年、3月最終日曜日に勅使門前に舞台を設置して開催。小野小町に求婚した深草少将の「百夜通い」の伝説を題材にしたわらべ唄に合わせて、薄紅色を表す「はねず色」の衣装に身を包んだ少女たちが舞い踊ります。

さくらんぼのように蝶結びされた「にほひ袋」（500円）。それぞれ柄が異なり、かわいい見た目と薫香でよいご縁を結びます

お守り

美しい心のお守りと書いて「美心守」（500円）。身も心も美しくという願いが込められています

本堂の裏手にある小町文塚を詣でると、恋文上達・文章上達・恋愛成就などの願いがかなうといわれています

御朱印帳

小野小町の一生を描いた襖絵『極彩色梅匂小町絵図』の御朱印帳で、前半生と後半生の2種類あります（各2500円）

御朱印

＼御朱印はP.23でも紹介！／

墨書／奉拝、曼荼羅殿、随心院　印／奉納経小野小町遺跡、三昧耶印、曼荼羅御殿随心院　●通年頂ける御朱印は全3種類。公式HPやインスタグラムにて、限定御朱印の情報を配信しています

絵馬

随心院の代名詞、小野小町と梅をデザインした「小町絵馬」（700円）

DATA

随心院 MAP P.7-B2
開創／991年（正暦2年）
山号／牛皮山
宗旨／真言宗善通寺派
住所／京都府京都市山科区小野御霊町35
電話／075-571-0025
交通／地下鉄「小野駅」から徒歩5分
拝観時間・御朱印授与／9:00～17:00（16:30受付終了）
拝観料／大人500円、中学生300円（小学生以下無料）
URL http://www.zuishinin.or.jp/

2009年、京都の絵描きユニット「だるま商店」が手がけました

表書院「能の間」の4面からなる襖絵『極彩色梅匂小町絵図』は、紅梅に由来する「はねず色」を基調に、小野小町の生涯と数々の伝説が描き込まれています

関西の代表的な霊場

西国三十三所巡礼

718年(養老2年)に徳道上人が開いた三十三の観音霊場で、関西六府県と岐阜県にまたがる日本最古の観音巡礼路です。坂東三十三所、秩父三十四所とあわせて日本百観音霊場に数えられます。

第一番	青岸渡寺	和歌山県東牟婁郡那智勝浦町那智山8番地
第二番	金剛宝寺	和歌山県和歌山市紀三井寺1201
第三番	粉河寺	和歌山県紀の川市粉河2787
第四番	施福寺	大阪府和泉市槇尾山町136
第五番	葛井寺	大阪府藤井寺市藤井寺1丁目
第六番	南法華寺	奈良県高市郡高取町壷阪3番地
第七番	岡寺	奈良県高市郡明日香村岡806
第八番	長谷寺	奈良県桜井市初瀬731-1
第九番	南円堂	奈良市登大路町48
第十番	三室戸寺	京都府宇治市菟道滋賀谷21
第十一番	上醍醐 准胝堂	京都府京都市伏見区醍醐東大路町22
第十二番	正法寺	滋賀県大津市石山内畑町82
第十三番	石山寺	滋賀県大津市石山寺1丁目1-1
第十四番	三井寺	滋賀県大津市園城寺町246
第十五番	今熊野観音寺	京都市東山区泉涌寺山内町32
第十六番	清水寺	京都府京都市東山区清水1丁目294
第十七番	六波羅蜜寺	京都市東山区ロクロ町81-1
第十八番	六角堂 頂法寺	京都市中京区六角通東洞院西入堂之前町248
第十九番	革堂 行願寺	京都市中京区寺町通竹屋町上ル行願寺門前町
第二十番	善峯寺	京都市西京区大原野小塩町1372
第二十一番	穴太寺	京都府亀岡市曽我部町穴太東辻46
第二十二番	総持寺	大阪府茨木市総持寺1-6-1
第二十三番	勝尾寺	大阪府箕面市勝尾寺
第二十四番	中山寺	兵庫県宝塚市中山寺2丁目11-1
第二十五番	播州清水寺	兵庫県加東市平木1194
第二十六番	一乗寺	兵庫県加西市坂本町821-17
第二十七番	圓教寺	兵庫県姫路市書写2968
第二十八番	成相寺	京都府宮津市成相寺339
第二十九番	松尾寺	京都府舞鶴市松尾532
第三十番	宝厳寺	滋賀県東浅井郡びわ町早崎竹生島1664
第三十一番	長命寺	滋賀県近江八幡市長命寺町157番地
第三十二番	観音正寺	滋賀県近江八幡市安土町石寺2番地
第三十三番	華厳寺	岐阜県揖斐郡揖斐川町谷汲徳積23

近畿三十六不動尊霊場

1979年(昭和54年)に古寺顕彰会が中心となって選定した不動尊信仰の霊場です。近畿地方の2府4県にまたがる日本初の不動尊霊場でもあります。

第一番	四天王寺	大阪府大阪市天王寺区四天王寺1丁目11-18
第二番	清水寺	大阪府大阪市天王寺区伶人町5-8
第三番	法楽寺	大阪府大阪市東住吉区山坂1丁目18-30
第四番	京善寺	大阪府大阪市東住吉区桑津3丁目21-9
第五番	報恩院	大阪府大阪市中央区高津1丁目2-28
第六番	太融寺	大阪府大阪市北区太融寺町3-7
第七番	国分寺	大阪府大阪市北区国分寺1-6-18
第八番	不動寺	大阪府豊中市宮山町4丁目7-2
第九番	大龍寺	兵庫県神戸市中央区再度山1番地
第十番	無動寺	兵庫県神戸市北区山田町福地100
第十一番	鏑射寺	兵庫県神戸市北区道場町生野1078-1
第十二番	安岡寺	大阪府高槻市浦堂本町41-1
第十三番	大覚寺	京都府京都市右京区嵯峨大沢町4
第十四番	仁和寺	京都府京都市右京区御室大内33
第十五番	蓮華寺	京都府京都市右京区御室大内20
第十六番	三千院	京都府京都市左京区大原来迎院町540
第十七番	曼殊院	京都府京都市左京区一乗寺竹ノ内町42
第十八番	聖護院	京都府京都市左京区聖護院中町15
第十九番	青蓮院	京都府京都市東山区粟田口三条坊町69-1
第二十番	智積院	京都府京都市東山区東山七条東瓦町964
第二十一番	中山寺	兵庫県宝塚市中山寺2丁目11-1
第二十二番	不動院	京都府京都市伏見区竹田浄菩提院町61
第二十三番	上醍醐寺(醍醐寺)	京都府京都市伏見区醍醐醍醐山
第二十四番	岩屋寺	京都府京都市山科区西野山桜の馬場町96
第二十五番	円満院	滋賀県大津市園城寺町33
第二十六番	無動寺	滋賀県大津市坂本本町4220
第二十七番	葛川明王院	滋賀県大津市葛川坊村町155
第二十八番	明王院	大阪府寝屋川市成田西町10-1
第二十九番	宝山寺	奈良県生駒市門前町1-1
第三十番	如意輪寺	奈良県吉野郡吉野町吉野山1024
第三十一番	龍泉寺	奈良県吉野郡天川村洞川494
第三十二番	瀧谷不動尊	大阪府富田林市大字彼方1762
第三十三番	七宝瀧寺	大阪府泉佐野市大木8
第三十四番	根来寺	和歌山県那賀郡岩出町根来2286
第三十五番	明王院	和歌山県伊都郡高野町大字高野山146
第三十六番	高野山 南院	和歌山県伊都郡高野町高野山680

まだまだあります。関西のおめぐりリスト

西国薬師四十九霊場

近畿2府4県に三重を加えた7府県49寺をめぐります

京都十三仏霊場

京都市内の代表的な仏様十三尊をめぐります

大和十三仏霊場

奈良県の13の仏様をめぐりながら大和路を歩きます

新西国霊場

1932年(昭和7年)三都合同新聞社が読者の意見をもとに選定

洛陽十二支妙見めぐり

江戸時代から続く歴史ある京都市内の妙見さんをめぐります

びわ湖百八霊場

すべて滋賀県にある、煩悩の数と同じ108の寺院をめぐります

関西花の寺二十五霊場

四季折々の花や紅葉などが楽しめる25の寺院です

おおさか十三仏霊場

1979年(昭和54年)に成立。大阪府内の13の寺院をめぐります

紀伊之国十三仏霊場

和歌山県の紀北から紀南の巡礼道をたどる十三仏霊場です

役行者霊蹟札所

修験道の開祖、役行者ゆかりの36寺をめぐります

播磨西国三十三箇所

兵庫県の観音霊場です。客番の1寺を含めて、34寺あります

第三章

御利益別！ 今行きたいお寺

Part 1

総合運

恋愛運から仕事運、厄除け……もちろん健康や金運などあらゆる御利益を頂きたいというあなた、こちらのお寺に行こう！

◉立木観音（滋賀）
◉満月寺浮御堂（滋賀）／蓮華寺（京都）
◉醍醐寺（京都）
◉大覚寺（京都）
◉平等院（京都）
◉神光院（京都）／鞍馬寺（京都）
◉聖護院門跡（京都）
◉真如堂（京都）／成相寺（京都）
◉神峯山寺（大阪）
◉南宗寺（大阪）／一乗寺（兵庫）
◉浄土寺（兵庫）／圓教寺（兵庫）
◉斑鳩寺（兵庫）
◉興福寺（奈良）
◉唐招提寺（奈良）
◉法起院（奈良）
◉飛鳥寺（奈良）／法華寺（奈良）
◉當麻寺（奈良）
◉金剛峯寺（和歌山）／奥之院（和歌山）
◉根來寺（和歌山）

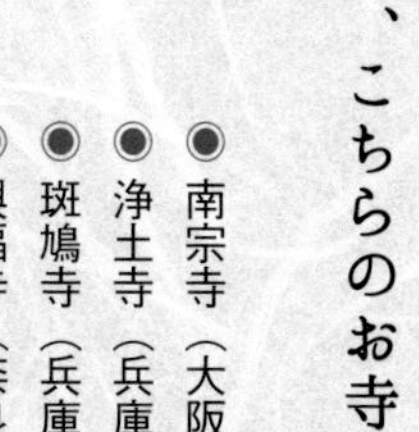

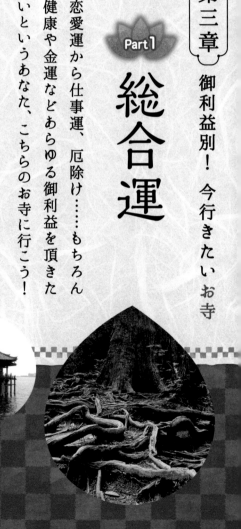

滋賀

立木観音【たちきかんのん】

霊験あらたかな厄除けのお寺

弘法大師が人々の厄難厄病を救うため立木のままの霊木に観音像を刻み建立された。

琵琶湖から流れ出る瀬田川の鹿跳（ししとび）渓谷を望む立木山の山腹、800余段の石段を登った先に立木観音があります。寺伝によれば815年（弘仁6年）、山に光を放つ霊木を見つけた弘法大師が瀬田川の急流で渡れずにいるところ、白い雄鹿が現れ、大師を乗せて川を跳び越え霊木の前まで導きました。大師は自身が42歳の厄年であったことから観音様に導かれたのだと感謝し人々の諸難救済を願い、立木のままの霊木に観音菩薩を彫られ堂宇を建てました。以来、厄除けの寺として広く信仰されています。

ご本尊
立木聖観世音菩薩《たちきしょうかんぜおんぼさつ》

みんなのクチコミ!!
節分では、無病息災を願う福豆・餅まきが行われます

御符
厄除けや願意に応じた祈願をお願いできる。祈願後、満願の御符が届く

お守り

日々の厄を除けるお守りと幼児の身体健全のお守り

交通安全のお守り。袋の中のお守りは車内に祀ります

DATA
立木観音 MAP P.7-B2
開創／815年（弘仁6年）
山号／立木山
宗旨／浄土宗
住所／滋賀県大津市石山南郷奥山1231
電話／077-537-0008
交通／京阪バス「立木観音前」バス停から徒歩約20分
拝観時間・御朱印授与／9:00～16:00
拝観料／無料
URL https://www.tachikikannon.or.jp/

立木観音の功徳にあやかる
1月中はその年の厄難救済を求め、特に多くの参拝者でにぎわいます。節分には僧と山伏による大護摩修行が執り行われ、1年間参拝者が書きためた護摩木数万本が梵焼されます。毎月17日が縁日です。

弘法大師は立木山を開創の後、高野山を開いたことから「元高野」とも呼ばれます。境内には縁起に由来した弘法大師像があります

墨書／奉拝、立木観音、立木山寺印／新西國第廿番、梵字サの聖観音を表す印、立木山別當所

今からおよそ150年前に整備された約800段の石段。石段沿いにはかつての参拝者の想いを綴った句碑が建てられています。境内までは15～30分ほど

お寺の方からのメッセージ
当山は石段800段の山寺になります。お参りの際は、無理をせずゆっくりとお上がりください。

立木観音は立木山の中腹に位置し、弘法大師が刻んだ観音像を祀ります。新西国霊場第20番札所でもあります。

琵琶湖の景勝地のひとつ

滋賀

満月寺浮御堂【まんげつじうきみどう】

浮御堂は琵琶湖に突き出た、満月寺の堂宇です。平安中期に、比叡山の僧恵心僧都が湖上交通の安全や衆生救済、魚類供養を願って建立したと伝わります。浮御堂が湖に浮かぶ風景は絶景とされ、浮世絵師歌川広重が近江八景「堅田の落雁」に浮御堂を描くほど。松尾芭蕉、小林一茶ら俳人も名句を残しています。

ご本尊
観音菩薩《かんのんぼさつ》

みんなのクチコミ!!

現在の浮御堂は、昔の情緒を残しつつ、1937年(昭和12年)に再建されました

墨書／奉拝、千体佛、満月寺　浮見堂　印／滋賀西国第一番、満月禅寺、堅田落雁、浮見堂
●浮見堂に安置されている千体の仏像の御朱印です

境内西北部の入口に建つ、竜宮造の楼門。扉はなく、東方正面に浮御堂を見通すことができます

浮見堂からの眺めもすばらしく、伊吹山や比叡山などの山々が見渡せます

DATA
満月寺浮御堂　MAP P.7-B2
開創／平安中期
山号／海門山
宗旨／臨済宗
住所／滋賀県大津市本堅田1-16-18
電話／077-572-0455
交通／JR「堅田駅」からバス10分、「堅田出町」バス停下車、徒歩5分
拝観時間／8:00～17:00
御朱印授与／8:00～16:30
拝観料／300円

池泉式庭園がすばらしい

京都

蓮華寺【れんげじ】

創建年代は不明ですが、加賀藩家老今枝近義が祖父を弔うため、1662年(寛文2年)、現在地に再興したと伝わります。瀟洒な庭園で知られており、池を中心に、左手に亀石と鶴石、奥に蓬莱山を表す石組が配されています。周囲にはモミジが植栽され、新緑や紅葉の季節には鮮やかな色彩が水面に映ります。

ご本尊
釈迦如来《しゃかにょらい》

みんなのクチコミ!!

書院から庭園を観賞でき、特に紅葉の季節は必見です

墨書／瑞光　印／歸命山、釈迦如来を表す梵字「バク」、洛北蓮華寺
●墨書の瑞光はお釈迦様の光を意味しています

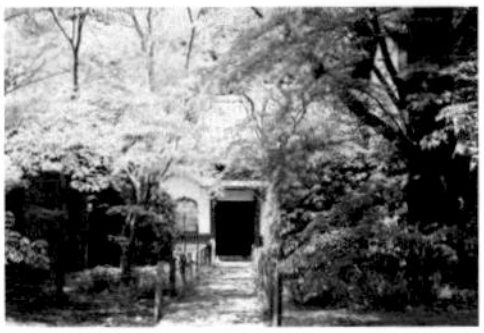

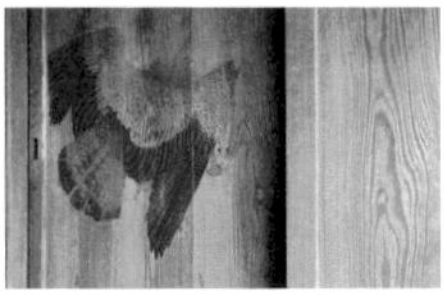

山門からは、石畳の道が庫裏に続いています

ハスの形をした拝観券。ご本尊である釈迦如来が描かれており、裏面には蓮華寺の由緒が記載されています

DATA
蓮華寺　MAP P.7-B2
開創／不詳
山号／帰命山
宗旨／天台宗
住所／京都府京都市左京区上高野町八幡町1
電話／075-781-3494
交通／京都バス「上橋」バス停から徒歩1分
拝観時間・御朱印授与／9:00～17:00
拝観料／500円

「醍醐の花見」の舞台となった名刹

醍醐山一帯に広がる200万坪以上の広大な境内に国宝や重要文化財の堂宇が建ち並びます。

京都

醍醐寺【だいごじ】

ご本尊
薬師如来《やくしにょらい》

みんなのクチコミ!!
下醍醐から登ると上醍醐。体力に自信のある方ぜひ!

874年（貞観16年）に開創された真言宗醍醐派の総本山。ここが「醍醐の花見」の舞台となったところです。1598年（慶長3年）、豊臣秀吉は北政所、淀君、豊臣秀頼、女房衆ら約1300人を招き、盛大な花見の宴を開きました。庭園はこの頃に秀吉自らが基本的な設計をしたと伝わります。三宝院の先に立つ仁王門から伽藍に入ると、右手には951年（天暦5年）に完成した五重塔、その先には祖師堂、弁天堂、女人堂が続きます。女人堂から1時間ほど山道を登ると上醍醐にいたります。上醍醐は醍醐寺開創の地で、開山にまつわる醍醐水や、国宝の薬師堂、清瀧宮拝殿、また、標高約450mの醍醐寺山頂付近には重要文化財の開山堂など堂宇が点在しています。

醍醐天皇の冥福を祈る
高さ約38mの五重塔は951年（天暦5年）の完成。京都府下で最古の木造建築物。国宝。

豊臣秀吉が基本設計を行った三宝院庭園。1952年（昭和27年）に、国の特別史跡・特別名勝に指定されました

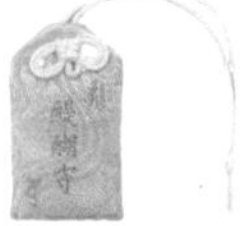

醍醐守（1000円）
※上醍醐限定授与

美心守（1000円）

お守り

墨書／深雪山、薬師如来、醍醐寺　印／実修実証、薬師如来を表す梵字バイの印、総本山醍醐寺

御朱印帳はP.34でも紹介!

墨書／奉拝、慈氏殿、三宝院門跡　印／奉納経、弥勒菩薩を表す梵字ユの印、大本山三寶院門跡印

五重塔と枝垂れ桜が表紙に刺繍された御朱印帳（2200円）

頒布品

DATA
醍醐寺　MAP P.7-B2
開創／874年（貞観16年）
山号／深雪山
宗旨／真言宗醍醐派
住所／京都府京都市伏見区醍醐東大路町22
電話／075-571-0002
交通／市営地下鉄「醍醐駅」から徒歩10分、京阪バス「醍醐寺前」「醍醐寺」下車すぐ
拝観時間・御朱印授与／9:00～17:00（12月第2日曜の翌日～2月末は～16:30）※受付終了は閉門30分前
拝観料／1000円（三宝院庭園・伽藍）（春期は三宝院庭園・伽藍・霊宝館庭園1500円）
URL https://www.daigoji.or.jp/

お寺の方からのメッセージ
春の桜はもちろん、秋の紅葉もすばらしく、仁王門をくぐった参道はモミジのトンネルです。桜・紅葉のシーズンは、御朱印の待ち時間が長くなりますのでご注意ください。

醍醐寺の女人堂から上醍醐への山道は急勾配の険しい箇所もあり、西国三十三所中最難関のひとつとされています。
※現在は下醍醐観音堂にて御朱印を頂けます。

真言宗大覚寺派本山

歴代天皇、皇族が住職を務めた門跡寺院
境内東の大沢池は日本最古の林泉式庭園です。

京都

大覚寺【だいかくじ】

ご本尊
五大明王《ごだいみょうおう》

平安時代初期、嵯峨天皇の離宮、嵯峨院として建立したのが最初です。その後、876年（貞観18年）、大覚寺と改められ、諸堂宇が並ぶ大寺となりましたが、1336年（延元元年）の火災や応仁の乱により、堂宇のほとんどを焼失。寛永年間（1624～44年）になり、伽藍が整いました。宸殿は2代将軍徳川秀忠の娘東福門院和子が使用していた建物。大沢池に咲く菊を嵯峨天皇が手折り、花瓶に挿したのが華道の発祥と伝わります。

後水尾天皇より賜った建造物

重要文化財の「宸殿」。境内には勅使門、心経前殿、五大堂などが建ちます。

「大沢池」は国指定の史跡名勝で日本三大名月観賞地。中秋の名月を含む3日間は「観月の夕べ」が行われます

みんなのクチコミ!!

11月中旬から12月上旬の紅葉の時期には、日本最古の庭池である大沢池をライトアップ。水面に映る紅葉がとてもきれいです

五大堂に祀られているご本尊、五大明王像（不動明王・降三世明王・軍荼利明王・大威徳明王・金剛夜叉明王）

墨書／嵯峨山、五大明王、大覚寺
印／心無罣礙、梵字カンマンの不動明王を表す印、大覺寺印

御朱印帳は
P.34で紹介!

墨書／奉拝、不動明王、嵯山大覚寺
印／心無罣礙、梵字カンマンの不動明王を表す印、大覺寺印

お守り

大覚寺御守（左から紫、赤、緑）、般若心経御守（いずれも800円）

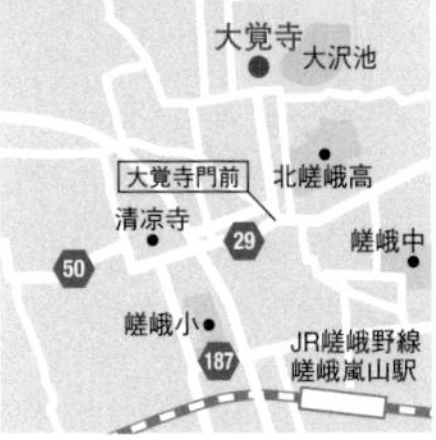

DATA

大覚寺 MAP P.7-B2

開創／876年（貞観18年）
山号／嵯峨山　宗旨／真言宗
住所／京都府京都市右京区嵯峨大沢町4
電話／075-871-0071
交通／JR「嵯峨嵐山駅」から徒歩20分、または市バス・京都バス「大覚寺」バス停下車すぐ
拝観／9:00～17:00（16:30受付終了）
御朱印授与／9:00～16:30
拝観料／お堂エリア500円（大人）、大沢池エリア300円（大人）
URL http://www.daikakuji.or.jp/

お寺の方からのメッセージ

般若心経の写経や、不動明王の写仏などを行っています。心経写経の根本道場である当寺でぜひご体験ください。

大覚寺は明治の初めまで、代々天皇もしくは皇統の方が門跡(住職)を務めた格式高い門跡寺院です。「いけばな嵯峨御流」の総司所(家元)でもあります。

京都

平等院【びょうどういん】

鳳凰堂は華やかな極楽浄土を再現

池の中島に建ち、水面に美しい姿が映ります。平安中期、藤原時代をしのべる唯一の遺構です。

「鳳凰堂」と呼ばれるようになったのは江戸時代初め頃から

ご本尊
阿弥陀如来坐像《あみだにょらいざぞう》

摂政藤原道長の別荘「宇治殿」を、道長没後に子の頼通が仏寺に改めたのが始まり。鳳凰堂の壁には、さまざまな楽器を持った雲中供養菩薩像が52体並んでいます。仏師定朝と弟子たちが制作した仏像です。「平等院ミュージアム鳳翔館」では52体のうち26体を間近に見学することができ、制作者の技量や個性を反映して一つひとつ異なる表情をしているのがわかります。

あくなき善美を追求した国宝

鳳凰堂の中心には、極楽浄土の教主阿弥陀如来が安置されています。日本の仏像作家を代表する仏師・定朝の作と確定できる唯一の像です。1053年(天喜元年)に納められました。国宝に指定されており、日本独自の寄木造りで、仏像彫刻の理想像としてその美しさをたたえられています。

平等院ミュージアム鳳翔館では、西方極楽浄土をLED照明によってより美しく表現しています

みんなのクチコミ!!

境内には茶房「藤花」があり、100%京都府産の宇治茶がオリジナル和菓子とともに頂けます

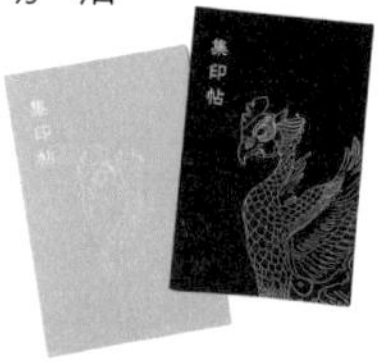

集印帳

紺や芥子色の布地に鳳凰の金刺繍が入った集印帳(各1500円)

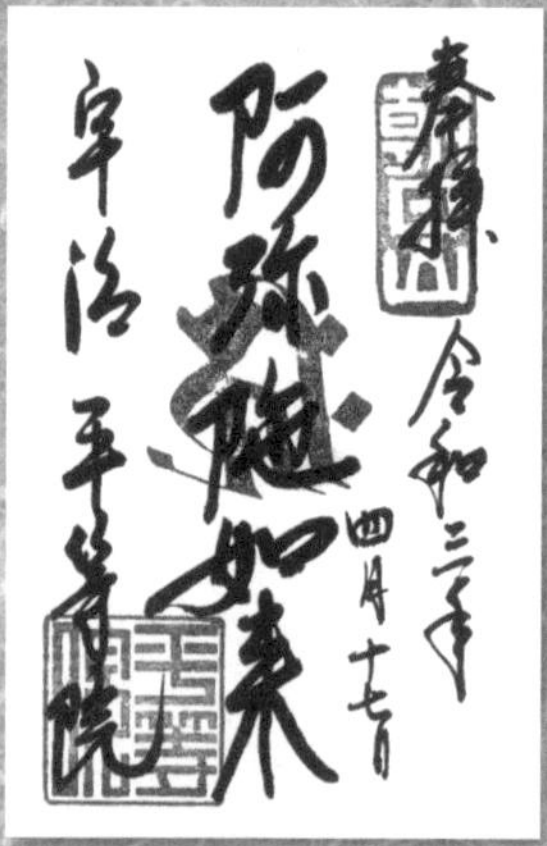

墨書／奉拝、阿弥陀如来、宇治、平等院　印／朝日山、阿弥陀如来を表す梵字「キリーク」、平等院　●平等院では「朱印」ではなく「集印」と呼び、鳳凰堂の左手にある集印所でお受けできます

＼御朱印帳はP.33でも紹介!／

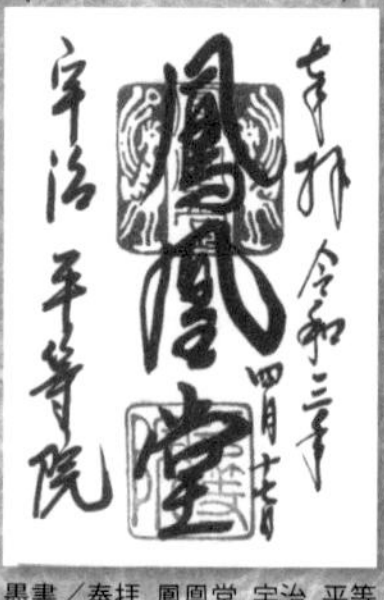

墨書／奉拝、鳳凰堂、宇治、平等院　印／鳳凰堂、平等院　●繁忙期は鳳凰堂1体のみや、書き置きでの授与となることがありますので、最新情報は公式HPをご確認ください

例年4月下旬頃から約1万本の藤が咲きます。花房は長さが1m以上に及ぶものもあり、花越しに鳳凰堂が望めます

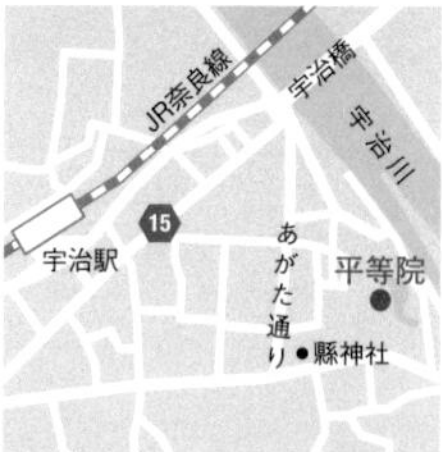

このページの画像提供:平等院

DATA

平等院　MAP P.7-B2

開創／1052年(永承7年)
山号／朝日山　宗旨／単立
住所／京都府宇治市宇治蓮華116
電話／0774-21-2861
交通／JR「宇治駅」または京阪「宇治駅」から徒歩10分
拝観時間／庭園8:30~17:30(17:15受付終了)ミュージアム鳳翔館9:00~17:00(16:45受付終了)鳳凰堂内部拝観9:30~16:10(9:00受付開始、各回50名ずつ、20分交代。先着順でなくなり次第終了)　御朱印授与／9:00~17:00(授与者多数の際は早く締め切る場合あり)　拝観料／庭園(ミュージアム鳳翔館を含む)大人600円/中高生400円/小学生300円　鳳凰堂内部拝観／別途300円
URL http://www.byodoin.or.jp/

お寺の方からのメッセージ

平安時代に誰もが憧れた極楽浄土の世界を体感し、現代を生きる糧にしていただければ幸いです。

1951年(昭和26年)に、当時の最高額硬貨として10円の青銅貨が製造されて以来、現在まで10円玉には平等院鳳凰堂が刻印されています。10円玉には明治時代の鳳凰堂が描かれており、現在の姿とは少し違う部分も。ぜひ現地へ行って、見比べてみてください。

厄除けや眼病祈祷で知られる

京都

神光院【じんこういん】

東寺、仁和寺とともに京都三弘法のひとつです。ご本尊の弘法大師像は大師が42歳のとき、この寺で90日間の修行をした際、池に映る自分の姿を彫った木像と伝わります。空海がキュウリに疫病を封じて病気平癒を祈願したことにちなみ、毎年7月21日と土用丑の日には諸病封じの「きうり加持祈祷」が行われます。

ご本尊
弘法大師《こうぼうだいし》

みんなのクチコミ!!

冬に池のほとりに咲く白い八重のサザンカは、この寺にのみ存在する珍しい品種です

2018年（平成30年）の台風で倒壊した後に再建された大師の石像。手前には旧像の「御大師様のおみ足」が残されています

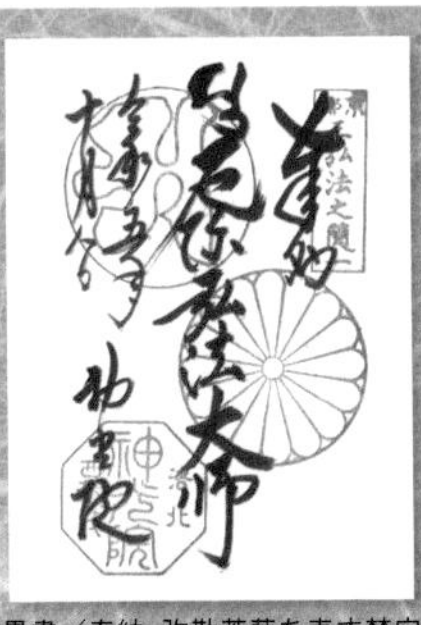

墨書／奉納、弥勒菩薩を表す梵字「ユ」＋厄除弘法大師、神光院　印／京都三弘法之随一、梵字「ユ」、寺紋、洛北神光院西賀茂　●弘法大師は弥勒菩薩の生まれ変わりと信じられています

境内には、幕末の女流歌人、大田垣蓮月が晩年に隠棲した茶所「蓮月庵」があります

DATA
神光院　MAP P.7-B2
開創／1217年（建保5年）
山号／放光山
宗旨／真言宗単立
住所／京都府京都市北区西賀茂神光院町120
電話／075-491-4375
交通／市バス「神光院前」バス停から徒歩3分
拝観時間・御朱印授与／9:00～16:30
拝観料／無料

牛若丸が修行したと伝わる

京都

鞍馬寺【くらまでら】

ご本尊の「尊天」は全宇宙を現す神聖な存在で、毘沙門天王、千手観世音、護法魔王尊の三身一体とされます。御開帳は60年に一度だけ。牛若丸（源義経）が修行した古刹としても知られ、奥の院へつながる「木の根道」は、牛若丸が鞍馬天狗から兵法を習ったと伝わるところ。杉の大木が茂り、深山幽谷の雰囲気が漂います。

ご本尊
鞍馬山尊天《くらまやまそんてん》

みんなのクチコミ!!

金堂前の石畳に描かれた「星曼荼羅」の中で祈りを捧げると、願いがかなうといわれています

御朱印帳はP.32でも紹介!

墨書／奉拝、尊天、鞍馬寺　印／新西国第十九番、千手観世音菩薩・毘沙門天王・護法魔王尊、雍洲路鞍馬寺　●「雍洲路」とは、日本海と京都を結ぶ鞍馬街道の古い呼び名です

木の根が地表を這い、アラベスク模様を描く「木の根道」では、牛若丸が跳躍の練習をしたと伝わります

1月のみ頂ける数量限定の魔除けのお守り「あうんの虎」（2000円）

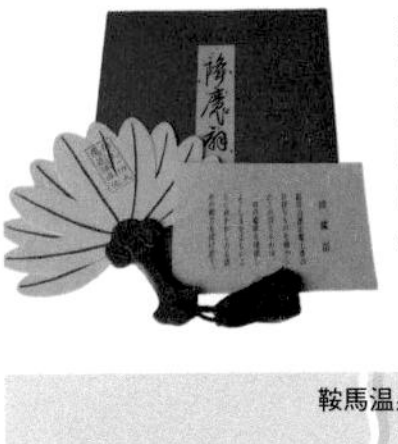

天狗の葉うちわを模した「降魔扇」（2000円）は、開いて飾れば魔除けに、自分をあおげば自身の邪気祓いができます

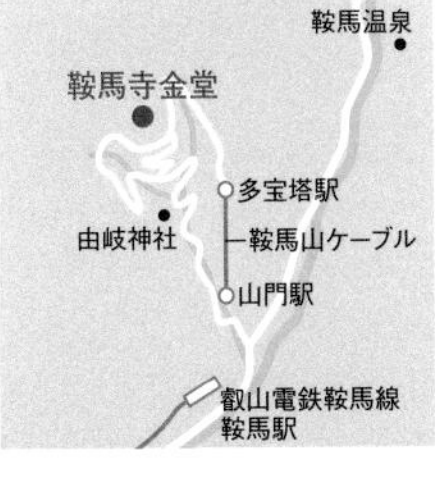

DATA
鞍馬寺　MAP P.7-B2
開創／770年（宝亀元年）
山号／鞍馬山
宗旨／鞍馬弘教
住所／京都府京都市左京区鞍馬本町1074
電話／075-741-2003
交通／叡山電鉄「鞍馬駅」から徒歩5分で仁王門
拝観時間・御朱印授与／9:00～16:15
拝観料／500円（高校生以上）
URL https://www.kuramadera.or.jp/

京都

聖護院門跡

【しょうごいんもんぜき】

皇室と関係が深い修験道の総本山

仮皇居の史跡指定を受ける唯一の門跡寺院で、聖護院と名のつくものの始まりの地。

ご本尊

不動明王《ふどうみょうおう》

聖護院は本山修験宗の総本山。1090年(寛治4年)に増誉大僧正が開基。白河上皇が熊野本宮に参詣される際、先達を務めた功績により寺院を賜り、「聖体護持(聖の体を護った)」の言葉から二字を取り寺名としました。静恵法親王(後白河天皇の息子)が入寺して以来、37代門主のうち25代は皇室より入寺された格式高い寺院です。天明の大火で御所が焼失した際には3年間光格天皇がお住まいになり、日本で唯一の「旧仮皇居」史跡に登録されています。現在は毎年秋から初冬にかけて特別公開をしており、通常非公開の宸殿などを拝観できます。

創建以来、数度の火災を免れる

重要文化財の本尊、不動明王像。平安時代後期の作。脇侍は江戸時代の作。

御朱印帳はP.31で紹介!

墨書/奉拝、不動明王を表す梵字「カーン」、聖護院門跡　印/ホラ貝+本山聖護院印

●修験道の総本山なので、山伏が用いる法螺貝の印が押されます

みんなのクチコミ!!

本堂や宸殿の前には白砂の美しい庭が広がっており、かわいい猫の置物が隠されています

節分会では、山伏の法力で改心した鬼と共に年男・福女が豆まきをし、豆まき後には鬼の金棒によるお加持も受けられます

©三宅徹

聖護院の節分会で重要な法要である、厄除採燈大護摩供。たくさんの参拝者が護摩札を求め、護摩木を通じて神仏に祈りを捧げます

謁見之間がある宸殿と本堂

護摩で祈祷をした護摩札(500円~)。家内安全や厄除けなど

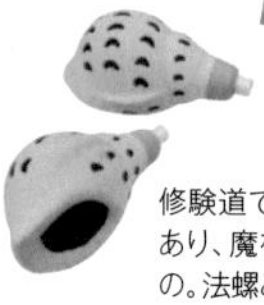

修験道で法螺貝は法具であり、魔を避けるためのもの。法螺みくじ(500円)

DATA

聖護院門跡 MAP P.6-D1

開創/1090年(寛治4年)

山号/なし

宗旨/本山修験宗

住所/京都府京都市左京区聖護院中町15

電話/075-771-1880

交通/京阪「神宮丸太町駅」から徒歩10分

拝観時間・御朱印授与/9:30~17:00(9~3月は16:30まで)

拝観料/無料(特別公開期間は800円)

URL http://www.shogoin.or.jp/

お寺の方からのメッセージ

お不動さんのご縁日である毎月28日は修験道の秘法である柱源護摩を焚いています。当日は特別公開でも入れない本堂内に入ることができ、ご本尊の目の前でお参りしていただけます。

修験道とは山に入り心身を鍛え煩悩や迷いを除き、人間が本来もっている清らかな心を取り戻すための道であり、約1350年前、役行者により開かれた日本独特の宗教です。聖護院創建当時の伽藍は応仁の乱やその他の火災で焼失。現在の伽藍は江戸時代前期の建造です。

女性を救済するご本尊を祀る

京都

真如堂【しんにょどう】

正式名を真正極楽寺といい、「正真正銘の極楽のお寺」という意味が込められています。984年（永観2年）、比叡山常行堂のご本尊阿弥陀如来を現在地に移し、安置したのが始まり。この阿弥陀如来像は慈覚大師が彫ったもので、大師が女人の救済を願うとうなずかれたという伝承から「頷きの弥陀」と呼ばれています。

ご本尊
阿弥陀如来《あみだにょらい》

みんなのクチコミ!!
通常は静かな境内ですが、紅葉の季節は大変なにぎわいとなります

墨書／奉拝、無量寿、真如堂　印／京洛六阿弥陀第一番、阿弥陀如来を表す梵字「キリーク」、真正極楽寺印　●無量寿とは阿弥陀如来の別名です

「復活守」（各500円）は安倍晴明が念持仏のおかげで不慮の死からよみがえったという故事に由来するお守り。逆境を克服する力を授けてくれます

紅葉の見頃は11月中旬～12月初旬。本堂裏に散りモミジの絨毯が広がります

DATA
真如堂 MAP P.6-D1
開創／984年（永観2年）
山号／鈴聲山
宗旨／天台宗
住所／京都府京都府左京区浄土寺真如町82
電話／075-771-0915
交通／市バス「錦林車庫前」または「真如堂前」バス停から徒歩8分
拝観時間・御朱印授与／9:00～16:00
拝観料／500円
URL http://shin-nyo-do.jp/

天橋立を望む景勝地に位置

京都

成相寺【なりあいじ】

雪で草庵に閉じ込められた餓死寸前の修行僧を、本尊が身代わりとなって助けたという伝承があり、これ以後、願いのかなう「成りあう寺」と呼ばれるようになりました。境内にある五重塔は、雪舟の「国宝天橋立図」に描かれている五重塔を平成に入ってから復元したもの。鎌倉時代の建築様式で再現した木造塔です。

ご本尊
聖観世音菩薩《しょうかんぜおんぼさつ》

みんなのクチコミ!!
本堂前のお地蔵様は「ひとこと地蔵」と呼ばれ、ひとつだけお願いをかなえてくれるそうです

墨書／奉拝、圓通閣、成相寺　印／西國二十八番、聖観世音菩薩を表す梵字「サ」、丹後國成相寺　●このほか季節の御朱印もあり、SNSで御朱印情報をチェックできます

本堂裏手のパノラマ展望所に上ると、眼下に天橋立、遠くに白山までもが見え、すばらしい風景が広がります

身の危険が迫ったときに身代わりとなって助けてくれる「身代わり観音守り」（700円）

DATA
成相寺 MAP P.7-A1
山号／成相山
宗旨／橋立真言宗
住所／京都府宮津市成相寺339
電話／0772-27-0018
交通／丹後鉄道「天橋立駅」からタクシー25分
拝観時間・御朱印授与／8:00～16:30
入山料／大人500円（30名以上400円）、中高生200円、小学生以下無料
URL https://www.nariaiji.jp/

日本最初の毘沙門天を安置する

1300年前、役小角が神のお告げにより伽藍を建立、毘沙門天を祀ったと伝わります。

大阪

神峯山寺【かぶさんじ】

ご本尊
三体の毘沙門天《びしゃもんてん》

みんなのクチコミ!!
重要文化財の阿弥陀如来、聖観音ほか、本堂の仏像の「拝仏」には事前予約が必要となります

原生林が残る山林に囲まれ堂宇がたたずみます。神峯山寺が位置する一帯は古来、山岳宗教の霊場として知られていました。697年（文武天皇元年）、役小角はこの地で金比羅童子という山の神に出会い、童子が彫った毘沙門天を授けられます。役小角は伽藍を建立し、その毘沙門天を祭祀したのが最初と伝わります。その後、桓武天皇の実父光仁天皇の勅願所となり、皇族の信仰を集めてきました。戦いの神とされる毘沙門天を祀ることから、楠木正成、足利義満が帰依したとされ、戦国武将の松永久秀はあつい信仰を寄せました。江戸時代、太平の世になると商売繁盛の神様とされ、豪商の鴻池善右衛門は参道標石を寄進、頻繁に参詣したとの記録が残っています。

12年以上焚かれ続ける護摩
毘沙門天に祈願する「毘沙門不動護摩」は、毎日絶やさず護摩を焚く連続護摩修行です。

ご本尊は三体の毘沙門天でいずれも秘仏。本尊を安置する本堂は1777年(安永6年)の再建。境内は紅葉の名所としても有名です

頒布品

「毘沙門不動ご祈願ろうそく」。火をともすと不動明王に願いが届く、ろうそくと皿のセット

御朱印帳はP.37でも紹介!

墨書／根本山、毘沙門天、神峯山寺　印／役行者開創開成皇子中興日本最初毘沙門天王、毘沙門菊香紋、根本山神峯山寺之印章

お守り

「安心」お守りと「健康」お守り

厄除福寅

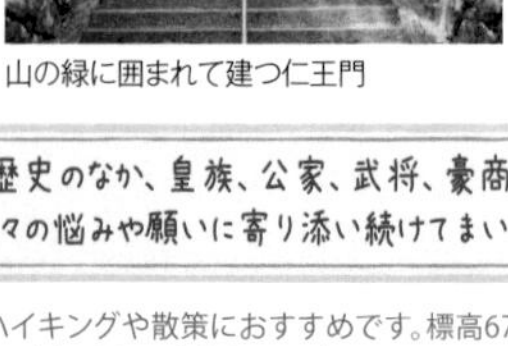

山の緑に囲まれて建つ仁王門

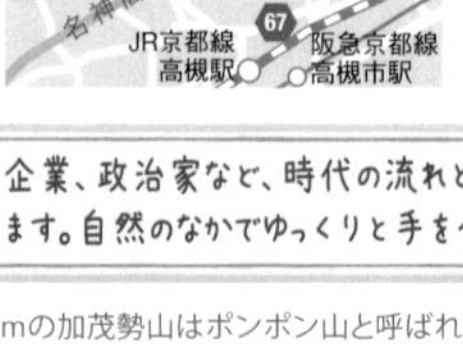

DATA
神峯山寺 MAP P.7-A2
開創／697年（文武天皇元年）
山号／根本山
宗旨／天台宗
住所／大阪府高槻市原3301-1
電話／072-688-0788
交通／JR「高槻駅」から市バス20分、「神峰山口」バス停から徒歩20分
拝観時間／自由
御朱印授与／9:00～17:00
拝観料／無料（紅葉時期のみ環境保全費が必要）
URL http://kabusan.or.jp/

お寺の方からのメッセージ
1300年以上続く歴史のなか、皇族、公家、武将、豪商、企業、政治家など、時代の流れとともに、祈り続けられ、これからもなお、人々の悩みや願いに寄り添い続けてまいります。自然のなかでゆっくりと手を合わせにいらしてください。

神峯山寺周辺は自然に囲まれ、ハイキングや散策におすすめです。標高679mの加茂勢山はポンポン山と呼ばれ、多くのハイカーが訪れます。ポンポン登山の前に「安全祈願」に参拝される方も多いです。

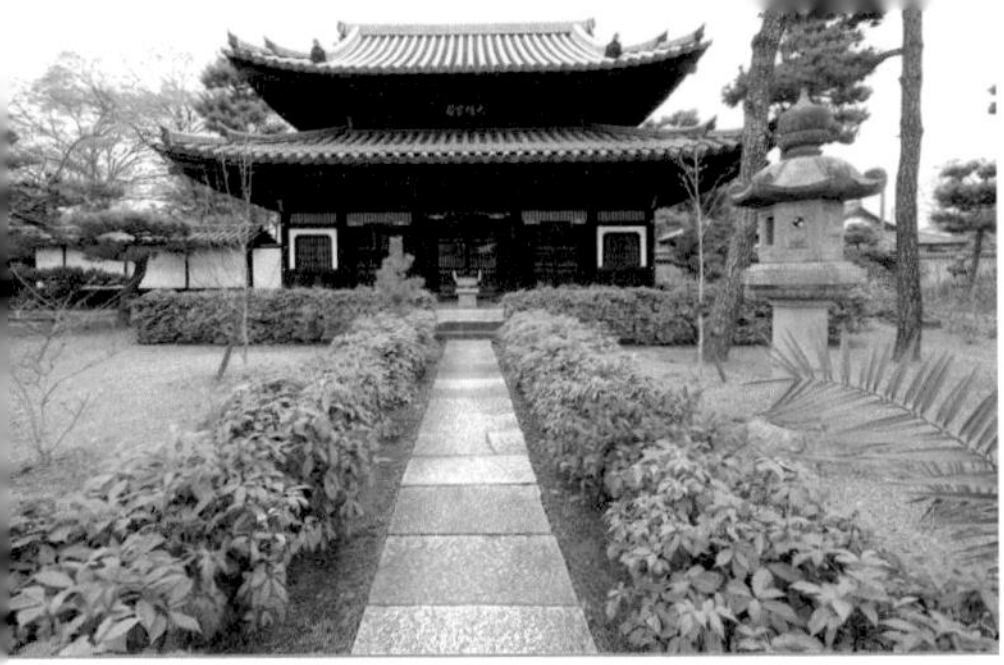

茶道と仏教の精神が感じられる寺

大阪

南宗寺【なんしゅうじ】

三好長慶が父を弔うために建立。大坂夏の陣で焼失後、沢庵宗彭らにより、現在地に再建されました。1653年（承応2年）建立の仏殿は、禅宗建築技法を用いた建造物としては大阪府下で唯一の仏殿建築で、堂内の天井には八方睨みの龍が描かれています。千利休が修行した寺でもあり、一門の供養塔があります。

ご本尊
釈迦牟尼仏《しゃかむにぶつ》

みんなのクチコミ!!

徳川家康が大坂夏の陣で重傷を負い、南宗寺に運ばれて絶命したという伝説があり、境内には家康の墓があります

墨書／奉拝、大雄宝殿、龍興山、南宗寺　印／和泉西國客番、三宝印、南宗禪寺
●「大雄宝殿」は南宗寺の仏殿の別称です

本坊方丈の南に古田織部作庭と伝わる枯山水庭園があり、滝の流れを和泉砂岩と緑泥片岩の石組によって構成しています。国の指定名勝です

DATA
南宗寺　MAP P.7-A3
開創／1557年（弘治3年）
山号／龍興山
宗旨／臨済宗大徳寺
住所／大阪府堺市南区旅篭町東3-1-2
電話／072-232-1654
交通／阪堺電軌阪堺線「御陵前駅」から徒歩5分
拝観時間・御朱印授与／9:00～16:00
拝観料／400円

桜、紅葉の名所としても有名

兵庫

一乗寺【いちじょうじ】

天竺から紫雲に乗って飛来したという伝説の僧、法道仙人が孝徳天皇の勅願により創建したと伝わる古刹です。境内に建つ三重塔は日本最古の塔のひとつとされ、国宝に指定されています。本堂は法華山の斜面にせり出すように建てられた懸造りで、縁側からは眼下に桜や紅葉の季節には情緒あふれる景色が楽しめます。

ご本尊
聖観世音菩薩《しょうかんぜおんぼさつ》

みんなのクチコミ!!

宝物館は、定例拝観（4月4日・11月5日）以外の場合、2週間前までに予約することで拝観できます

金堂の右手にある鐘楼は、1628年（寛永5年）に姫路藩主本多忠政により再建されたもので、国指定重要文化財です

墨書／奉拝、大悲閣、一乗寺　印／西國廿六番、千手観音を表す梵字「キリーク」、一乗寺印
●988年（永延2年）に花山法皇が金堂を大悲閣と命名し、西国三十三所巡礼の札所に定めたそうです

奥の院「開山堂」には法道仙人の像が祀られており、さらに奥へ進むと賽の河原があります

DATA
一乗寺　MAP P.7-A2
開創／650年（白雉元年）
山号／法華山
宗旨／天台宗
住所／兵庫県加西市坂本町821-17
電話／0790-48-2006
交通／JR姫路駅からバス37分、「一乗寺」バス停下車
拝観時間・御朱印授与／8:00～17:00
拝観料／500円

浄土堂と阿弥陀三尊立像は国宝

兵庫

浄土寺【じょうどじ】

平家の焼き討ちに遭い、荒廃していた奈良東大寺を復興した高僧・重源が創建しました。浄土堂に祀られている阿弥陀三尊立像は、東向きに安置され、背後の蔀戸を開けると像の後ろから西日が入り、西方浄土から来迎したかのような光景が展開します。薬師堂にはご本尊の薬師三尊が納められています。

歓喜院で人気の「あみださんおみくじ」(600〜700円)。僧侶の手作りのため、一つひとつ顔が違います

西日が入った浄土堂の様子。光が反射して堂内全体が赤く染まり、阿弥陀三尊が浮かんで見えます

ご本尊

阿弥陀三尊《あみださんぞん》

薬師三尊《やくしさんぞん》

墨書/奉拝、瑠璃光殿、浄土寺
印/新西國客番、阿弥陀如来を表す梵字「キリク」+薬師如来を表す梵字「バイ」、極楽山浄土寺
●墨書は薬師如来の別名「瑠璃光如来」から

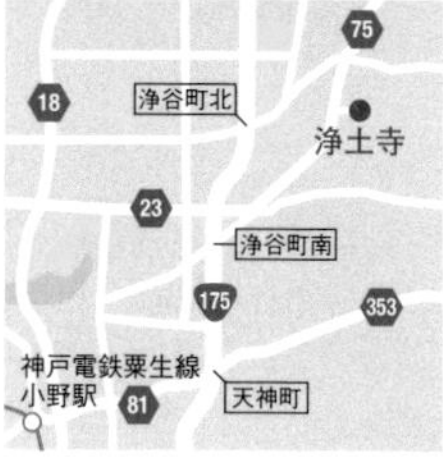

DATA
浄土寺 MAP P.7-A2
開創/1194年(建久5年)
山号/極楽山　宗旨/高野山真言宗
住所/兵庫県小野市浄谷町2094
電話/0794-62-4318
交通/神戸電鉄「小野駅」から徒歩50分、またはバス30分、またはタクシー10分
拝観時間/9:00〜12:00、13:00〜17:00
(10月〜3月末までは16:00)
御朱印授与/9:00〜17:00
拝観料/国宝堂内500円

みんなのクチコミ!!

裏山に約3000株のアジサイが植えられており、色とりどりに咲く花がとてもきれいです

西の比叡山とも称される名刹

兵庫

圓教寺【えんぎょうじ】

天台宗の別格本山で、性空上人によって開かれました。名門貴族の出身ですが、栄達を嫌い出家し、厳しい修行の後に書写山に草庵を建てたのが始まりと伝わります。標高約370mの山頂に境内が広がり、岩山の中腹に張り出した舞台造りの摩尼殿は見応え十分。堂内にはご本尊の如意輪観世音が祀られています。

広大な境内は東谷・中谷・西谷の3つに分かれています。西谷には本堂である大講堂や、常行堂、食堂の3つの建造物がコの字に並んでいます

ご本尊

六臂如意輪観世音菩薩《ろっぴにょいりんかんぜおんぼさつ》

墨書/奉拝、摩尼殿、圓教寺
印/西國二十七番、本尊を表す梵字「タラーク」、書寫山圓教寺

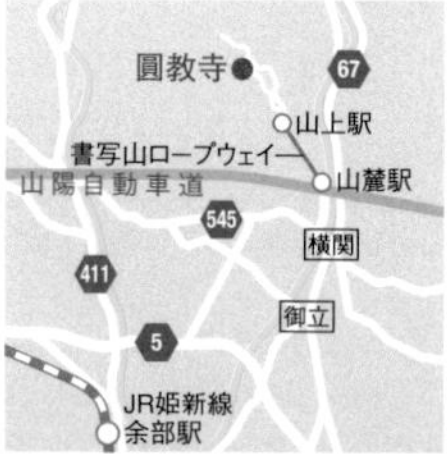

DATA
圓教寺 MAP P.7-A2
開創/966年(康保3年)
山号/書写山　宗旨/天台宗
住所/兵庫県姫路市書写2968
電話/079-266-3327
交通/書写山ロープウェイ「山上駅」から摩仁殿まで約1km
拝観時間・御朱印授与/ロープウェイ運行時間内
入山志納金/中学生以上500円、小学生300円、未就学児無料
URL http://www.shosha.or.jp/

みんなのクチコミ!!

ガラス張りのロープウェイからは、書写山の絶景や瀬戸内海に浮かぶ淡路島まで見渡せます

境内には聖徳殿があり、太子自作と伝わる太子像が安置されています

開創1400年の歴史をもつ古刹

ハスの花の印に込められた伝説を想起させる御朱印に、聖徳太子の威徳をしのびます。

兵庫

斑鳩寺【いかるがでら】

ご本尊

釈迦如来《しゃかにょらい》　薬師如来《やくしにょらい》

如意輪観音《にょいりんかんのん》

みんなのクチコミ!!

聖徳殿では、毎朝6時30分からお勤めを行っており、誰でも自由に入ることができます

鵤乃太子《いかるがのたいし》とは聖徳太子のこと。鵤の表記は法隆寺でも使われていました。その法隆寺は太子ゆかりの寺、そして斑鳩寺も法隆寺とほぼ同時期に聖徳太子が開いた古刹です。この寺は推古天皇が太子に与えた土地に建立されましたが、そのいきさつにはひとつの伝説があります。

606年（推古天皇14年）、太子は豊浦宮で天皇に勝鬘経について3日間の講義を行います。最終日の夜、ハスの花が天から宮殿に降り注いだのです。推古天皇は喜び、太子に播磨国揖保に水田100町を与えます。太子はこの地を鵤荘と名づけ伽藍を建立しました。この伝説にちなんだ御朱印を見れば太子の威徳を思い起こせるというわけです。

3層屋根の八角円堂

聖徳殿後殿は国の登録有形文化財です。法隆寺夢殿をもとにした裳階付きの八角二重円堂となっています。

本堂に安置される釈迦如来坐像、薬師如来坐像、如意輪観音坐像は、いずれも秘仏。毎年2月22・23日の太子忌にご開帳されます

墨書／奉拝、如意殿、斑鳩寺
印／新西國第廿二番、梵字キリークの如意輪観音を表す印、斑鳩寺印

墨書／奉拝、鵤乃太子、斑鳩寺
印／聖徳太子御遺跡第二十八番 ハスをかたどった印、斑鳩寺印

DATA

斑鳩寺 MAP P.7-A2

開創／606年（推古天皇14年）
山号／なし
宗旨／天台宗
住所／兵庫県揖保郡太子町鵤709
電話／079-276-0022
交通／JR「網干駅」から神姫バス「鵤」バス停下車徒歩7分
拝観時間／10:00～16:00
御朱印授与／9:00～17:00
拝観料／入山無料（宝物館・聖徳殿各300円、共通500円）
URL http://www.ikarugadera.jp/

お寺の方からのメッセージ

聖徳太子にはさまざまな信仰があります。斑鳩寺では、家内安全や交通安全、良縁、安産、心願成就、事業繁栄、病気平穏、合格、厄除けなどのご祈願をお受けしています。

宝物館には重要文化財の仏像十体、勝鬘経講讃図、二十五菩薩面などが展示されています。聖徳殿、宝物館は、電話で予約すると確実に拝観できます。

仏教美術の極致、「国宝の宝庫」

仏像界のスーパースター「阿修羅像」など、国宝彫刻を日本で最も多く所蔵するお寺です。

奈良

興福寺【こうふくじ】

興福寺は669年(天智天皇8年)に京都に建てられた山階寺が最初とされ、710年(和銅3年)の平城遷都にともなって藤原不比等が現在地に移し、興福寺と名づけました。境内には鹿が遊び、諸堂宇が建ち並びます。

修理工事中の五重塔を横目に境内へ向かうと「五十二段」と呼ばれる石段があります。仏道修行の52の段位を意味し、石段の上は仏界を意味します。

ご本尊

釈迦如来《しゃかにょらい》

みんなのクチコミ!!

興福寺では春と秋に能楽が奉納されます。5月の第三金・土曜に行われる「薪御能」と10月の第一土曜の「塔影能」です。

阿修羅像と出会える国宝館

興福寺は国宝彫刻を日本で最も多く所蔵する寺院です。阿修羅像を含むその半数は境内の国宝館で公開されています。

国宝館ショップではマグネットほか、さまざまな阿修羅像グッズを購入できます

猿沢池と五重塔。この風景は五重塔の修理工事終了まではしばしお別れです

御朱印帳

興福寺の古瓦がデザインされた御朱印帳(1200円)

墨書／奉拝、令興福力、興福寺　印／世界文化遺産、釈迦如来を表す梵字バクの印、南都興福寺印

墨書／奉拝、中金堂、興福寺　印／和銅三年移建法相宗大本山中金堂院、梵字バクの釈迦如来を表す印、南都興福寺中金堂堂司

墨書／奉拝、千手観音、興福寺　印／南都、千手観音を表す梵字クリークの印、興福寺食堂

お守り

双竜がよい運気を呼び込んでくれる「勝守」(600円)

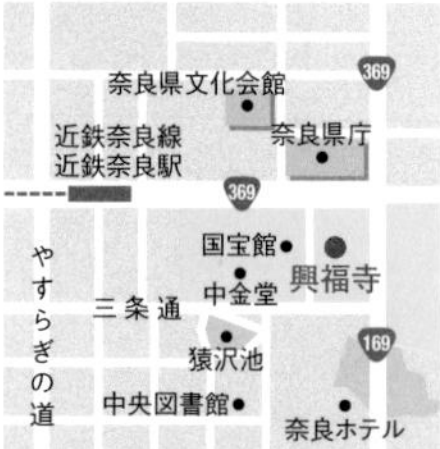

DATA

興福寺 MAP P.6-D3

開創／710年(和銅3年)
山号／なし
宗旨／法相宗
住所／奈良県奈良市登大路町48
電話／0742-22-7755
交通／近鉄「近鉄奈良駅」から徒歩5分
拝観時間・御朱印授与／9:00～17:00
拝観料／国宝館700円、中金堂500円
URL http://www.kohfukuji.com/

お寺の方からのメッセージ

のんびりと鹿が歩く境内は、東金堂や北円堂など国宝の建造物が並び、厳かな空気です。天平時代から隆盛を誇った大寺の歴史を実感してください。

南円堂は、藤原冬嗣が父の冥福を祈り建立したお堂。西国三十三所の第9番札所となっています。ご本尊が不空羂索観音は西国三十三所では唯一です。

奈良

唐招提寺【とうしょうだいじ】

天平の建物が今も残る世界遺産

鑑真和上の偉業を、金堂の甍にしのぶ律宗総本山
数多くの国宝を有する、奈良屈指の名刹です。

ご本尊
盧舎那仏坐像《るしゃなぶつざぞう》

みんなのクチコミ!!

唐招提寺がある西ノ京は、「歴史のみち」といわれます。唐招提寺から薬師寺には歩いて行くことができ、道沿いにはお休み処や食事できるお店などもあります

唐の高僧鑑真は聖武天皇の熱心な要請を受けて日本への旅を決意します。困難を乗り越え12年という月日をかけて、753年（天平勝宝5年）渡日を果たした鑑真は、759年（天平宝字3年）唐招提寺を開き、76歳で亡くなるまでの5年間をこの寺で過ごしました。

南大門を入ると、正面に金堂があります。正面には8本の円柱が並び、大屋根はおおらかな広がりを見せています。奈良時代に建立された寺院の金堂で現在残っているのは唐招提寺の金堂だけ。天平の息吹を今に伝えるたたずまいです。

鑑真の「唐招提寺蓮」
鼓楼、経蔵、御影堂などの堂宇が並ぶ境内は2万坪の広さ。緑豊かで静けさに満ちています。境内のハスの花は有名です。

開山御廟の土塀。境内には歴史をしのばせるたたずまいが随所に見られます

御朱印と御朱印帳は
P.25・36でも紹介!

墨書／奉拝、盧舎那佛、唐招提寺
印／本尊宝印、唐招提寺

墨書／奉拝、唐招提寺
印／鑑真大和上の御影の印

※「鑑真大和上の御影」の御朱印は朱印紙1枚での授与となり、御朱印帳には頂けません。

御朱印帳

国宝方円彩糸花網や宝物紙裁文などをあしらった御朱印帳（各1500円）

DATA

唐招提寺 MAP P.6-C4
開創／759年（天平宝字3年）
山号／なし
宗旨／律宗
住所／奈良県奈良市五条町13-46
電話／0742-33-7900
交通／近鉄「尼ケ辻駅」から徒歩8分
拝観時間・御朱印授与／8:30～17:00（16:30受付終了）
拝観料／1000円
URL http://www.toshodaiji.jp/

お寺の方からのメッセージ

律宗の開祖、鑑真和上の墓所は境内の北東、開山御廟です。御廟では春になると和上の故郷、揚州から贈られた瓊花（けいか）が白い花を咲かせます。

御影堂が公開されるのは、毎年6月6日の開山忌を含む3日間。国宝の鑑真和上像は、東山魁夷の描いた障壁画とあわせて特別公開されます。

奈良

法起院 【ほうきいん】

徳道上人ゆかりのお寺

西国観音霊場の創始者徳道上人が開山
本尊は上人自作とされる徳道上人像です。

長谷寺(→P.51)への参道を歩き、右手に入るとその奥に小さな山門があります。法起院は長谷寺の塔頭のひとつで、こぢんまりとした境内には本堂、庚申堂、弁天堂などが並びます。どの堂宇も小ぶりでよく整った境内は安らぎに満ちています。

開基の徳道上人は長谷寺の観音像を造立したことでも知られます。上人は晩年をこの法起院で過ごし、735年(天平7年)、80歳で入滅したとされます。入滅の際、上人は松に登り、法起菩薩と化して天に昇ったと伝わり、そのとき、沓を脱いだという「上人沓脱ぎ石」が今も残り、これに触れると願いごとがかなうといわれています。

ご本尊
徳道上人《とくどうしょうにん》

みんなのクチコミ!!
西国三十三所の御朱印以外は、郵送対応していただけます

ご本尊は徳道上人のお手製
本堂に安置されているご本尊は上人が自ら彫ったという徳道上人像で、その表情は優しく穏やかです。

本堂は1695年(元禄8年)の再建。軒には長谷寺の回廊と同じ灯籠が下がります

本堂左手に建つ十三重の石塔は上人の供養塔。毎年3月2日には上人の命日回向が行われます

墨書/奉拝、開山堂、法起院
印/西国三十三霊場開基徳道上人、徳道上人を遺徳する梵字ア、大和国長谷寺開山坊

墨書/徳道上人/法起院
印/日本最古三十三所観音巡礼、養老二年徳道上人開祖、聖観音を表す梵字サー、西国番外札所長谷寺法起院

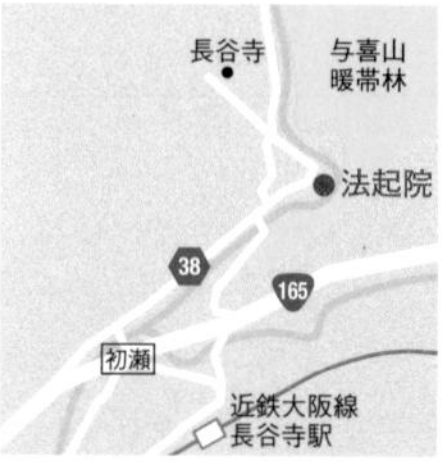

DATA
法起院 MAP P.7-B3
開創/735年(天平7年)
山号/豊山
宗旨/真言宗豊山派
住所/奈良県桜井市初瀬776
電話/0744-47-8032
交通/近鉄「長谷寺駅」から徒歩15分
拝観時間・御朱印授与/8:30～17:00(3/20～11/30)、9:00～16:30(12/1～3/19)
拝観料/無料
URL http://www.houkiin.or.jp/

お寺の方からのメッセージ
境内に葉の裏にとがったもので文字を書くと浮かび上がる「葉書の木」があります。「はがき」の由来となったといわれる木で、願い事を書くとかなうといわれています。

法起院と与喜山原生林との間には、初夏になると蛍も飛ぶという清流、初瀬川が流れています。また、周辺には風情ある町家が並びます。

わが国最古のお寺で古代をしのぶ

奈良

飛鳥寺【あすかでら】

飛鳥寺は日本で最初に建てられた本格的な仏教寺院とされ、本尊の飛鳥大仏もまた、日本最古の仏像といわれます。588年（崇峻天皇元年）に豪族蘇我馬子が創建し、本尊の飛鳥大仏は、609年（推古天皇17年）の造立。『日本書紀』によると、644年（皇極天皇3年）に境内で中大兄皇子と藤原鎌足が出会ったとのこと。

ご本尊
飛鳥大仏《あすかだいぶつ》

ご本尊の「飛鳥大仏」は通称で、正式には「釈迦如来坐像」。有名な法隆寺の釈迦三尊と同じ止利仏師の作で、3m近い高さがあります。写真撮影も自由です

みんなのクチコミ!!

飛鳥寺の近くには乙巳の変（大化の改新）で殺された蘇我入鹿の首塚があります

御朱印は P.25でも紹介!

墨書／奉拝、飛鳥大佛、飛鳥寺
印／新西國三十三所第九番札所、釈迦如来を表す梵字バクの印、飛鳥寺

墨書／奉拝、止利佛師丈六釈迦、飛鳥寺
印／聖徳太子御遺跡第十一番、飛鳥大仏の右手の印、飛鳥寺

DATA
飛鳥寺　MAP P.7-B3
開創／588年（崇峻天皇元年）
山号／鳥形山　宗旨／真言宗豊山派
住所／奈良県高市郡明日香村飛鳥682
電話／0744-54-2126
交通／近鉄「橿原神宮前駅」から奈良交通バス14分「飛鳥大仏」下車徒歩1分
拝観時間・御朱印授与／9:00～17:30（10～3月～17:00）※最終受付は各15分前まで
拝観料／350円

光明皇后の面影を宿す観音様

奈良

法華寺【ほっけじ】

もともと藤原不比等の邸宅があった場所です。不比等亡きあと娘の光明皇后がこの地を寺院に改めました。創建当時は南大門、阿弥陀浄土院、金堂、講堂などが建ち並ぶ壮大な寺院でした。現在の本堂は近世の再建です。堂内には国宝のなかでも最高傑作のひとつとされる十一面観世音菩薩像が安置されています。

ご本尊
十一面観音《じゅういちめんかんのん》

池の中に建つ護摩堂は2004年に竣工。毎月28日に護摩法要が行われます

みんなのクチコミ!!

売店で見つけた犬の形の「犬御守」は、光明皇后が護摩供養の灰から造ったのが最初と伝わります

墨書／奉拝、本尊十一面観音、法華寺
印／総国分尼寺、梵字キャの十一面観音を表す印、法華寺の印

から風呂は光明皇后が1000人の垢を自ら流したとの伝説が残る蒸し風呂。建物は1766年のもので、重要有形民俗文化財

DATA
法華寺　MAP P.6-C3
開創／745年（天平17年）
山号／なし
宗旨／光明宗
住所／奈良県奈良市法華寺町882
電話／0742-33-2261
交通／「法華寺」バス停より徒歩3分、または近鉄「新大宮駅」より徒歩20分
拝観／9:00～17:00
拝観料／500円（十一面観世音菩薩像公開時は700円）

奈良

當麻寺【たいまでら】

中将姫伝説が生まれたボタンの古寺

中将姫が織ったとされるハスの糸の曼荼羅がご本尊。寺宝として秘蔵され、公開されていません。

ご本尊
當麻曼荼羅《たいままんだら》

みんなのクチコミ!!

境内には奥院、西南院、中之坊、護念院などが建ち、それぞれが歴史ある文化財を収蔵・公開しています。これらの塔頭を拝観して歩くと2時間ほどは必要です

奈良盆地の南西、二上山の麓に當麻寺はあります。當麻寺で有名なのは中将姫の物語。中将姫は右大臣藤原豊成の娘で763年（天平宝字7年）、17歳で出家。あるとき姫の前に尼が現れ、100駄の蓮茎を集め、糸を作れといいます。そして化女《けにょ》が現れ、その化女の助けを得て姫はハスの糸で曼荼羅を一夜で織りあげました。その後、姫は29歳の時、阿弥陀如来が諸仏とともに来迎し、西方浄土へ中将姫を導いたというのです。

この蓮糸曼荼羅が當麻寺の本尊です。現在、本堂（曼荼羅堂）には、室町時代に転写された曼荼羅が祀られています。

白鳳時代の姿をとどめる

680年代（白鳳時代）に鋳造された梵鐘は国宝。日本最古の梵鐘として知られています。背後には二上山の双峰が望め、當麻寺から二上山へのハイキングコースがあります。

伽藍三堂。正面は国宝の本堂(曼荼羅堂)。當麻曼荼羅がご本尊として国宝の厨子に納められています。右の講堂と左の金堂は、いずれも鎌倉時代の建築で重要文化財です

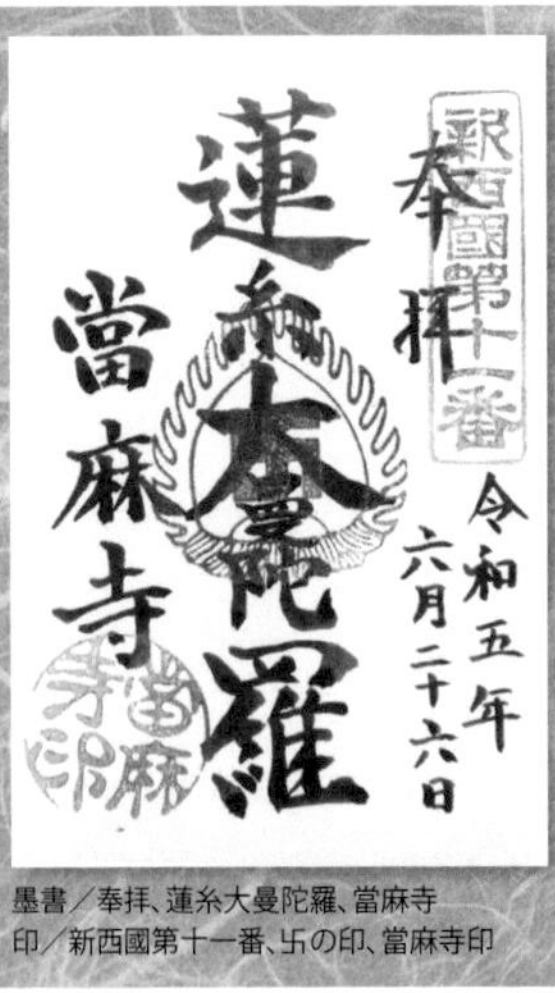

墨書／奉拝、蓮糸大曼陀羅、當麻寺
印／新西國第十一番、卍の印、當麻寺印

本堂の前に立つ中将姫の像。歌舞伎や能の演目でも有名です

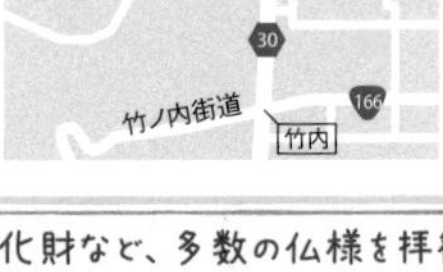

DATA
當麻寺 MAP P.7-B3
開創／681年（白鳳9年）
山号／二上山
宗旨／真言宗、浄土宗
住所／奈良県葛城市當麻1263
電話／0745-48-2202
交通／近鉄南大阪線「当麻寺駅」から徒歩15分
拝観時間・御朱印授与／9:00～17:00（受付は16:30まで）
拝観料／500円（塔頭は別途必要）

お寺の方からのメッセージ

本堂、金堂、講堂の伽藍三堂で、国宝や重要文化財など、多数の仏様を拝観できます。ご事情によりご参拝がかなわず、御朱印を希望される場合はお問い合わせください。

中将姫伝説から生まれたのが、1000年以上も続く「練供養会式」です。毎年4月14日に行われ、二十五菩薩の面と衣装を着けた講の人々が練り歩きます。

天空の宗教都市、高野山の総本山

和歌山

金剛峯寺

【こんごうぶじ】

弘法大師が開いた真言密教の霊場である高野山には、標高800mの盆地に100ヵ寺以上の寺院が並びます。金剛峯寺は高野山真言宗3600ヵ寺の総本山です。大主殿は豊臣秀吉が亡き母の菩提を弔うために建立されました。境内は高野山全域で、これを「一山境内地」といいます。本堂は壇上伽藍に建つ金堂です。

ご本尊
弘法大師坐像《こうぼうだいしざぞう》

"日本国内最大の石庭"と称される「蟠龍庭」。弘法大師の出身地・四国の花崗岩が使われています

墨書／奉拝、高野山、弥勒菩薩を表す梵字「ユ」＋遍照金剛、金剛峯寺　印／高野山、梵字「ユ」、高野山金剛峯寺之印
●「遍照金剛」は、弘法大師の別名です

弘法大師が高野山を開く際、最初に着手したのがこの「壇上伽藍」。胎蔵曼荼羅の世界を表しているとされ、奥之院と並ぶ二大聖地のひとつです

みんなのクチコミ!!

高野山全体の正門である「大門」の展望台からは、紀淡海峡や淡路島を見渡せます。夕日も絶景です

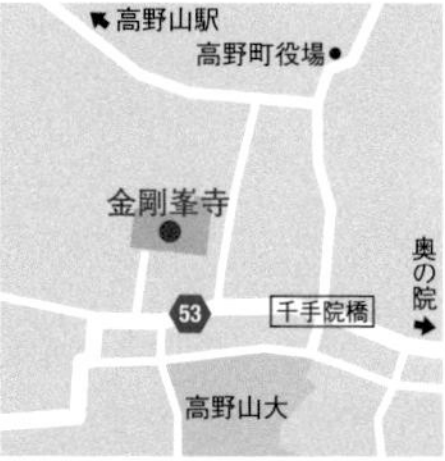

DATA
金剛峯寺　MAP P.7-A3
開創／816年（弘仁7年）
山号／高野山　宗旨／高野山真言宗
住所／和歌山県伊都郡高野町高野山132
電話／0736-56-2011
交通／南海高野山ケーブルカー「高野山駅」から南海りんかんバス11分「金剛峯寺前」下車、徒歩1分
拝観時間・御朱印授与／8：30～17：00
拝観料／1000円
URL http://www.koyasan.or.jp/

高野山で最も神聖な場所

和歌山

奥之院

【おくのいん】

835年（承和2年）、弘法大師が入定した地です。入定とは瞑想に入ったという意味。高野山では、大師は衆生を救うため、奥之院の御廟で今も瞑想を続けているとされています。御廟の前にある燈籠堂には、1000年近くともり続けるふたつの「消えずの火」があります。祈親上人、白河上皇が奉納した灯明です。

ご本尊
弘法大師《こうぼうだいし》

約2km続く参道には、樹齢700年もの杉が茂り、20万基以上の墓碑や供養塔が並びます

墨書／奉拝、高野山、弥勒菩薩を表す梵字「ユ」＋弘法大師、奥之院　印／高野山奥之院、梵字「ユ」、高野山奥之院
●年に6回ある甲子の日には、「大黒天」の限定御朱印を頂けます

お守り

厄災や病気などを身代わりとなって守ってくれる「身代御守」（700円）

みんなのクチコミ!!

毎朝6:00と10:30にお大師様に御膳を届ける「生身供」の見学は、参拝客の少ない6:00がおすすめ

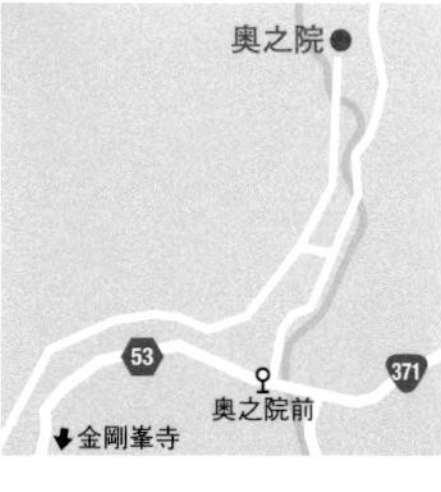

DATA
奥之院　MAP P.7-A3
開創／816年(弘仁7年)
山号／高野山　宗旨／高野山真言宗
住所／和歌山県伊都郡高野町高野山550
電話／0736-56-2011(代)
交通／南海高野山ケーブルカー「高野山駅」から南海りんかんバス20分「奥の院前」下車、徒歩15分
拝観時間・御朱印授与／8:00～17:00(5～10月)、8:30～16:30(11～4月)　拝観料／無料
URL https://www.koyasan.or.jp/

「新義真言宗」の総本山

開山以来約９００年の歴史を有し、山内には木造としては日本最大の大塔が建っています。

和歌山

根來寺【ねごろじ】

ご本尊
大日如来《だいにちにょらい》

高野山で真言密教を修めた興教大師が１１３２年（長承元年）に開創しました。中世には多くの学僧を抱える大寺となり、戦国時代にはさらに勢力を増し、ルイス・フロイスが著書『日本史』で紹介するほどでした。しかし、この勢力を恐れた豊臣秀吉が紀州征伐に入り、２、３の堂宇を残し、灰燼と化してしまいます。江戸時代になると、徳川家の庇護を受け、復興しました。

秀吉の焼き討ちでも崩壊しなかったのが大塔です。大塔は正式名称を大毘盧遮那《だいびるしゃな》法界《ほっかい》体性塔《たいしょうとう》といいます。１５４７年（天文16年）に完成し、国宝に指定されています。

入ってお参りできる国宝

大伝法堂に隣接する大塔は、高さ40m、横幅15m。木造としては日本最大の規模で、国宝に指定されています。

不動堂（重要文化財）のご本尊は、「三国一のきりもみ不動」で有名。珍しい八角堂の建造物で、2019年（令和元年）に重要文化財に指定されました

みんなのクチコミ!!

御朱印は全部で5種類あります。本坊寺務所と不動堂の2ヵ所で頂くことができます

光明真言殿（重要文化財）は1804年（文化元年）の落慶。開山の興教大師像が安置されています

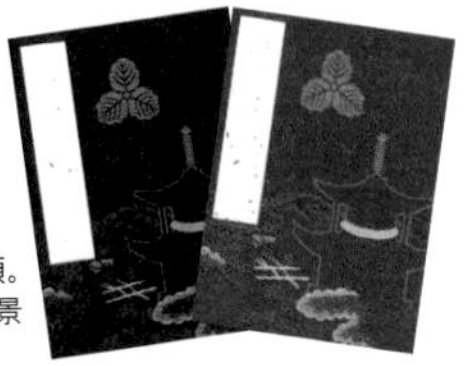

御朱印帳は青と赤の2種類。表紙には大塔と山々の風景がデザインされています（1000円）

墨書／奉拝、大日如来、根來寺　印／勅願所、梵字バンの大日如来を表す印、総本山根來寺

墨書／奉拝、興教大師、根來寺　印／御廟奥ノ院、梵字タラークの虚空蔵菩薩を表す印、総本山根來寺

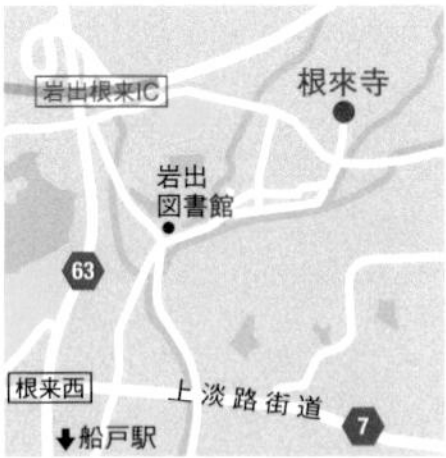

DATA

根來寺 MAP P.7-A3
山号／一乗山
宗旨／新義真言宗
住所／和歌山県岩出市根来2286
電話／0736-62-1144
交通／南海電鉄「樽井駅」・JR和歌山線「岩出駅」からバス22分「根来寺」バス停下車
拝観／9:10～16:30（11～3月は16:00）
拝観料／500円
URL http://www.negoroji.org/

お寺の方からのメッセージ

大門を入ると大きな伽藍が広がります。奥の院には開山興教大師の廟所があり、静寂に包まれています。12世紀末からの中世の根來寺を、時間の許す限りお楽しみください。

近くの「ねごろ歴史資料館」では、根來寺の埋蔵文化財出土品などを展示。映像なども駆使して、根來寺や岩出・根来の文化と歴史をわかりやすく紹介しています。

第三章

御利益別！ 今行きたいお寺

Part2

縁結び

恋の成就は永遠のテーマ！ そんな恋愛の縁結びはもちろん、あらゆる人との出会い、仕事との出合いなど、良縁を願うならこちらのお寺へ！

◉萬福寺（京都）
◉宝蔵寺（京都）／大報恩寺（京都）
◉誠心院（京都）／岩船寺（京都）
◉愛染堂勝鬘院（大阪）
◉伽耶院（兵庫）／西大寺（奈良）
◉不退寺（奈良）
◉真善寺（三重）
◉粉河寺（和歌山）／金剛三昧院（和歌山）
◉道成寺（和歌山）

本堂にあたる大雄寶殿は、歴史的建造物で重要文化財に指定されています

京都

萬福寺
【まんぷくじ】

中国明朝の息吹を感じる境内

伽藍建築や配置は中国の明朝様式が採用され、日本の寺院とは異なる意匠が凝らされています。

その他の御利益
金縁のほか全てのよいご縁

ご本尊
釈迦如来坐像《しゃかにょらいざぞう》

萬福寺は隠元禅師が、1661年（寛文元年）に開創しました。三門をくぐると天王殿、祀られているのは金色に輝く、福々しい布袋様です。背後には本堂にあたる大雄寶殿が建ちます。大雄寶殿の向こうには説法などをする法堂があります。境内の建物には円窓や卍くずし、扉には桃の実の形をした桃符を施すなど、日本ではあまり見られない意匠が施されています。齋堂前には開梆《かいぱん》という木彫りの魚がありますが、これも中国から伝わったものです。建築物も文化も、すべて明朝の伝統を受け継いでいるのです。

金色に輝く福々しい布袋様

天王殿に安置されている布袋様は、1663年（寛文3年）の造立。像高110cmの木像で、人の縁、お金の縁などすべてのよいご縁を結んでくださいます。

人気の布袋尊人形おみくじ（500円）

みんなのクチコミ!!

お寺で出している普茶料理は、お寺を開創した中国福建省出身の隠元禅師が中国から伝えた精進料理です

日本の木魚の原形となった開梆（かいぱん）。日常の行事や儀式の刻限を知らせる魚の形をした法器です

御朱印と御朱印帳はP.24・34でも紹介！

墨書／奉拝、布袋尊、萬福寺
印／都七福神諸縁吉祥、軍配、黄檗宗大本山萬福寺

墨書／奉拝、大雄宝殿、宇治、黄檗山
印／徳川家の家紋、三宝印、黄檗宗大本山萬福寺

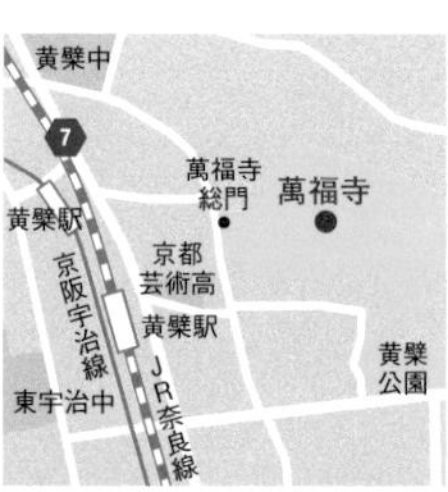

DATA

萬福寺 MAP P.7-B2

開創／1661年（寛文元年）

山号／黄檗山　宗旨／黄檗宗

住所／京都府宇治市五ヶ庄三番割34

電話／0774-32-3900

交通／JR・京阪宇治線「黄檗駅」から徒歩5分

拝観時間／9:00～17:00（受付は16:30まで）

御朱印授与／9:00～16:30

拝観料／500円

URL https://www.obakusan.or.jp/

お寺の方からのメッセージ

当寺には重要文化財が多数あります。黄檗宗の宗祖隠元禅師が伝えた中国文化を体感してください。

布袋尊は中国の僧侶がモデルとされます。毎月8日が縁日で、拝観無料で入山でき、境内には手作り市が立ちます（現在は諸事情により開催を休止しています）。

天才絵師、伊藤若冲の菩提寺

京都

宝蔵寺【ほうぞうじ】

京都市内の繁華街のど真ん中に建つ、江戸時代中期の絵師、伊藤若冲ゆかりのお寺です。若冲筆の『髑髏図』や『竹に雄鶏図』などを寺宝として所蔵しており、御朱印や若冲グッズなどにも髑髏が描かれています。境内には良縁成就の御利益で知られる八臂辨財天のお社があり、良縁祈願も受け付けています。

本堂の前に立つ、伊藤若冲親族の墓石。黒い石碑には髑髏図が描かれています

その他の御利益 芸術、芸能など

ご本尊 阿弥陀如来《あみだにょらい》

御朱印と御朱印帳はP.24・33でも紹介!

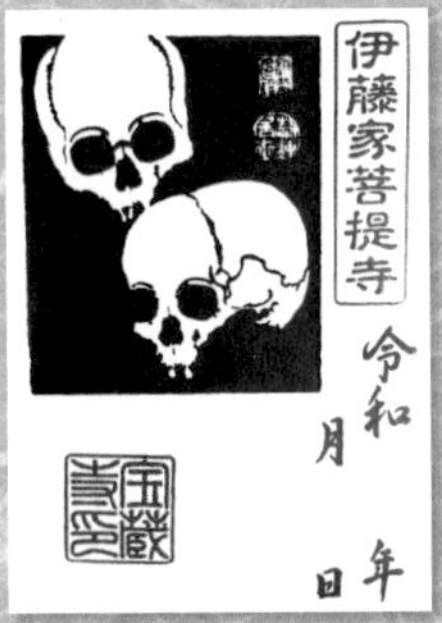

印/伊藤家菩提寺、髑髏図、宝蔵寺印
※若冲の『髑髏図』を再現した御朱印。色は数種類から選べます

黒檀の念珠(2000円)。二天玉に虎目石をあつらえ、親玉には髑髏が赤色で彫られています

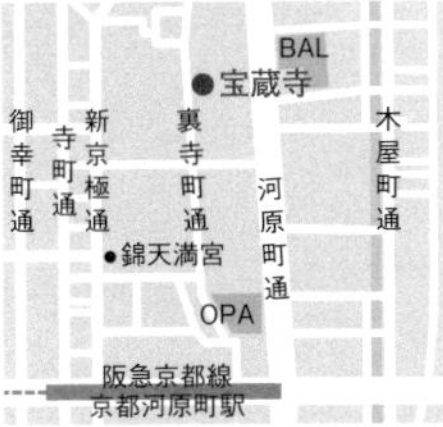

DATA
宝蔵寺 MAP P.6-D1
開創/1269年(文永6年)
山号/無量山　宗旨/浄土宗
住所/京都府京都市中京区裏寺町通蛸薬師上ル裏寺町587
電話/075-221-2076
交通/阪急京都線「京都河原町駅」から徒歩5分
拝観時間/境内自由　御朱印授与/10:00～16:00(月休 ※月曜が祝日の場合は火休。臨時休業あり)　拝観料/無料
URL https://www.houzou-ji.jp/

みんなのクチコミ!!
本堂内は通常、非公開ですが、墓所は常時公開されています

12月の「大根焚き」が京の風物詩

京都

大報恩寺【だいほうおんじ】

通称千本釈迦堂として知られています。鎌倉時代の初期、藤原秀衡の孫である義空上人によって開創されました。本堂は応仁の乱でも奇跡的に火災を免れ、洛中で最も古い建造物として創建当時の姿を今も残しています。

ご本尊の釈迦如来像(秘仏)も創建当時のもので、快慶の弟子である行快の作です。

枝垂れ桜の名所です。本堂造営の時、棟梁に助言をした妻「おかめ」の伝説が残ります

山門を入ると、左に北野経王堂、正面に本堂、その奥には霊宝殿があります

その他の御利益 子授り、建築工事安全、商売繁盛など

ご本尊 釈迦如来《しゃかにょらい》

墨書/奉拝、六観音、千本釋迦堂　印/新西國第十六番、六観音を表す梵字の印、千本釋迦堂大報恩寺

DATA
大報恩寺 MAP P.6-C1
開創/ 1227 年 (安貞元年)
山号/瑞応山　宗旨/真言宗智山派
住所/京都府京都市上京区七本松通今出川上ル
電話/075-461-5973
交通/市バス「上七軒」バス停より徒歩3分
拝観時間・御朱印授与/9:00～17:00
拝観料/境内無料

みんなのクチコミ!!
毎年12月7日・8日に行われる、「大根炊き」の大根を食べると諸厄・悪病除けになるといわれ、師走の風物詩として親しまれています

歌人、和泉式部ゆかりの古刹です

京都

誠心院【せいしんいん】

にぎやかな新京極通に面して山門があります。1027年(万寿4年)、絶大な権勢を誇っていた藤原道長の娘上東門院彰子が、父にすすめて建立させたという古刹です。

寺伝によれば初代住職は『和泉式部日記』で知られる王朝歌人和泉式部です。娘の小式部内侍が亡くなり、仏門に入ったと伝わります。本堂脇には和泉式部の歌碑が立ち、本堂には道長が建立した阿弥陀如来像が安置されています。

本堂に収められているご本尊の阿弥陀如来像

その他の御利益
知恵授りなど

ご本尊
阿弥陀如来《あみだにょらい》

墨書／奉拝、かすみ立つ春来にけりとこの花をみるにぞとりの聲もまたるる、いづみしきぶ　せいしんいん

墨書／奉拝、阿弥陀如来、和泉式部、誠心院　印／第拾番、梵字キリークの阿弥陀如来を表す印、和泉式部

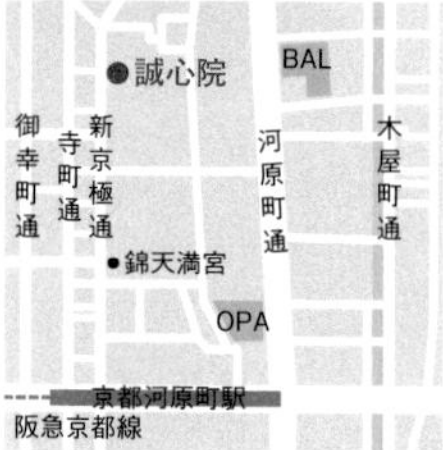

DATA
誠心院　MAP P.6-D2
開創／1027年(万寿4年)
山号／華嶽山
宗旨／真言宗泉涌寺派
住所／京都府京都市中京区新京極通六角下ル中筋町
電話／075-221-6331
交通／阪急「京都河原町駅」から徒歩7分
拝観時間／7:00～夕刻
御朱印授与時間／8:00～17:00
拝観料／無料
URL https://www.seishinin.or.jp/

みんなのクチコミ!!
境内には和泉式部の歌碑のほか、式部の墓と伝えられる宝篋印塔が建てられています

山里に静かにたたずむ、花の寺です

京都

岩船寺【がんせんじ】

創建は729年(天平元年)、聖武天皇が行基に命じて阿弥陀堂を建立させたのが始まりと伝わります。最盛期には39もの坊舎がありましたが、戦火で多くを焼失。その後徳川家康・秀忠が本堂や仏像の修復を行いました。

阿弥陀如来坐像は像高約3m、重量感のある像で重要文化財に指定されています。

御朱印帳

三重塔内部の来迎柱に描かれる昇龍と降龍の絵の御朱印帳

高さ約18mの三重塔は室町期の建立と思われる。境内はアジサイ、紅葉の名所

いわゆる〝丈六〟と呼ばれる阿弥陀如来坐像は10世紀中期を代表する貴重な像

その他の御利益
心願成就、招福など

ご本尊
阿弥陀如来《あみだにょらい》

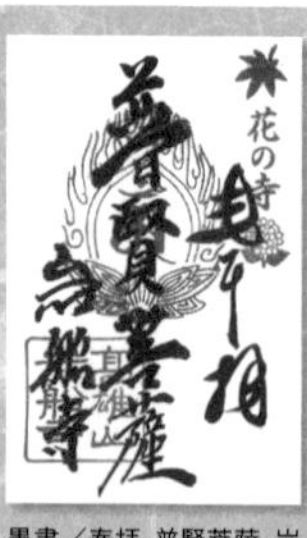

墨書／奉拝、普賢菩薩、岩船寺　印／モミジ＋花の寺＋アジサイ、梵字アンの普賢菩薩を表す印、高雄山岩船寺

墨書／奉拝、本尊阿弥陀如来、岩船寺　印／京都当尾石仏の里、梵字サク、キリーク、サの阿弥陀三尊を表す印、高雄山岩船寺

DATA
岩船寺　MAP P.7-B2
開創／729年(天平元年)
山号／高雄山　宗旨／真言律宗
住所／京都府木津川市加茂町岩船上ノ門43
電話／0774-76-3390
交通／JR「加茂駅」からコミュニティバス岩船寺バス停下車
拝観時間・御朱印授与／8:30～17:00(12～2月は9:00～16:00)
拝観料／500円
URL https://gansenji.or.jp/

みんなのクチコミ!!
境内に四季の花が咲く花の寺です。周辺には石仏が多く、石仏をめぐる散策コースがあります

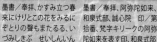

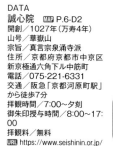

縁結び・商売繁盛の愛染さん

弓矢でキューピッドのように縁を結んでくれるご本尊、夢見る女子を強力サポートするお寺です。

大阪

愛染堂勝鬘院

【あいぜんどうしょうまんいん】

愛染明王の御利益は縁結び、商売繁盛。女性客の参拝も多い

寺の始まりは、聖徳太子が592年（推古天皇元年）に開いた施薬院に始まるとされています。施薬院は薬草を植え、病人に与える施設です。境内の奥にそびえる多宝塔は1597年（慶長2年）、豊臣秀吉によって再建されたもので、大阪市最古の木造建築物。また、愛染明王を祀る金堂は徳川秀忠が再建させたものです。

毎年6月末から開催される「愛染まつり」ではご本尊の御開帳が行われます。

縁結びの霊木「愛染かつら」や、飲めば女子力がアップする「愛染めの霊水」など、境内はパワスポの宝庫です。

その他の御利益
愛敬開運、商売繁盛、合格など

ご本尊
愛染明王《あいぜんみょうおう》

みんなのクチコミ!!

六万体地蔵の台座だった「腰痛封じの石」は、芸能人も訪れる健康運アップのパワスポです

愛染明王は修正会と愛染まつりで御開帳されます

修正会は1月1日から7日、愛染まつりは6月30日から7月2日の期間です。

愛染堂へと続く参道

念願の志望校を目指して、縁起のよい赤門を通ってお参り

お守り

赤・白セットの「縁結開運御守」（1000円）。カップルはひとつずつ、片想い中なら赤白を重ねて持ちましょう

墨書／荒陵山、愛染明王、勝鬘院愛染堂
印／西國愛染第一番、愛染明王を表す梵字ウーンの印、荒陵山勝鬘院愛染堂

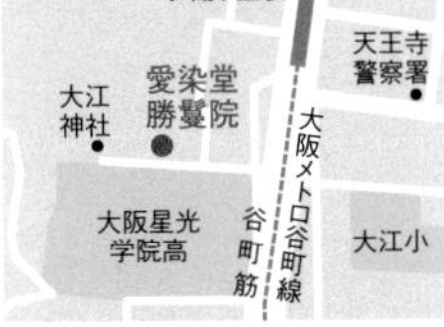

DATA
愛染堂勝鬘院 MAP P.6-D4
開創／592年（推古天皇元年）
山号／荒陵山　宗旨／和宗
住所／大阪府大阪市天王寺区夕陽ヶ丘町5-36
電話／06-6779-5800
交通／大阪メトロ谷町線「四天王寺前夕陽ヶ丘駅」から徒歩3分
拝観時間／9:00～17:00
御朱印授与／9:00～16:30
拝観料／無料
URL http://www.aizendo.com/index.html

お寺の方からのメッセージ

愛染まつりは、大阪市の無形民俗文化財に指定されている大阪三大夏祭りのひとつ。夏越の祓の大法要が行われるほか、境内には屋台が並び、演芸やパレードなどでにぎやかな3日間です。

境内の多宝塔は、大阪市内に残る桃山時代唯一の遺構です。なかには12本の腕をもつ珍しい「大日大勝金剛尊」が安置されています。スポーツや勝負事には特に霊験あらたかです。

俚揺に歌われる良縁スポット

兵庫

伽耶院【がやいん】

孝徳天皇の勅願寺として、法道仙人が開基したと伝わります。春は桜、夏は蛍、秋は紅葉、冬は金水と、四季折々楽しめる三木市内随一の観光名所です。縁結びの仏様として知られる愛染明王坐像があり、この地方には「大谷さん(伽耶院)で結ばれて、千体地蔵で授かって、中村薬師で乳もらう」という俚揺が残っています。

墨書/奉拝、多聞殿、伽耶院
印/新西國第廿六番、毘沙門天を表す梵字「バイ」、伽耶院印
●「多聞殿」とは、ご本尊の毘沙門天の異称、多聞天から

参道には、赤い手編みの帽子をかぶったお地蔵様がずらり。紅葉シーズンには赤い絨毯を敷き詰めたような光景に

さまざまな表情をした、愛嬌たっぷりの「おにゃんこみくじ」(300円)

DATA

伽耶院 MAP P.7-A2

開創/645年(大化元年)
山号/大谷山　宗旨/本山修験宗
住所/兵庫県三木市志染町大谷410
電話/0794-87-3906
交通/神戸電鉄「緑が丘駅」から神姫ゾーンバス「伽耶院口」下車、徒歩10分
拝観時間・御朱印授与/9:00~17:00
拝観料/草引き10本
URL https://www.gayain.or.jp/index.html

ご本尊
毘沙門天《びしゃもんてん》

みんなのクチコミ!!

採燈大護摩は体育の日に催行され、大勢の山伏が吹くほら貝の音や、山伏の大行列が壮観です

大茶盛は、750年も続く行事

奈良

西大寺【さいだいじ】

称徳天皇が鎮護国家のために金銅四天王像の造立を発願したのが始まりとされます。称徳天皇は東大寺を建立した聖武天皇と光明皇后の娘。両親の建てた東の大寺に対して西の大寺「西大寺」を建立したのでした。本堂には鎌倉時代の釈迦如来立像、文殊菩薩騎獅像が安置されており、いずれも重要文化財です。

その他の御利益
厄除など

墨書/奉拝、釋迦如来、西大寺
印/天平神護元年称徳天皇勅願、釈迦如来を表す梵字バクの印、西大寺印

西大寺中興の祖、叡尊上人の坐像。80歳の賀を記念して生前に製作されたものです。傑出した肖像彫刻として国宝に指定されています

四王堂は1674年(延宝2年)の再建。西大寺創建の端緒となった称徳天皇誓願の四天王像をお祀りしています

DATA

西大寺 MAP P.6-C3

開創/天平神護元年(765年)
宗旨/真言律宗
住所/奈良県奈良市西大寺芝町1-1-5
電話/0742-45-4700
交通/近鉄「大和西大寺駅」より徒歩3分
拝観時間・御朱印授与/8:30~16:30(諸堂により異なる)　拝観料/三堂(本堂・四王堂・愛染堂)共通拝観券800円(大人)
URL http://saidaiji.or.jp/

ご本尊
釈迦如来《しゃかにょらい》

みんなのクチコミ!!

有名なお茶会は正月、春、秋に行われます。直径約40cmの大きな茶碗に立てたお茶を、回し飲みます。1月15日に行われる初釜大茶盛は着物姿の女性が参加して、新春らしい雰囲気です

在原業平ゆかりのお寺、別名業平寺

平安時代を代表する歌人、在原業平が聖観音立像を自ら彫り、祀ったのが最初。

奈良

不退寺【ふたいじ】

本堂は高床式で湿気が少なく、内陣と外陣の境に業平格子が施されています

縁結び

南門から境内に入ると右手に放生池が広がり、正面に本堂が見えます。平城天皇は809年（大同4年）に譲位すると、茅葺きの御殿を造営しました。これが不退寺の前身です。その後、天皇の孫にあたる在原業平がここで暮らし、父である阿保親王の菩提を弔うため、不退転法輪寺と号する寺院に改めたのです。

境内にはレンギョウ、ハギ、ツバキ、キショウブ、スイレンなどの花が咲き、池には業平橋が架かります。庭園、瀟洒な造りの本堂には寺院というより平安貴族の邸宅を思わせる雅な雰囲気が感じられます。

その他の御利益
厄除
など

ご本尊
聖観音菩薩《しょうかんのんぼさつ》

みんなのクチコミ!!

徒歩15分で法華寺、海龍王寺があり、佐保路の三観音（または佐保路3ヵ寺）として回ることができます。歴史の道を通れば、古墳めぐりもできます

不退寺最古の建物「多宝塔」

境内には1年を通じて500種類もの花々が咲き、特に3月下旬に咲くレンギョウと11月下旬の紅葉は見事です。

頒布品

絵はがきセットは、「本尊聖観音と本堂」「五大明王」の2種類（各500円）

御朱印はP.25でも紹介!

墨書／奉拝、本尊聖観音、不退寺
印／平城天皇元萱御所、梵字サの聖観音を表す印、不退寺印

御朱印の挟み紙には在原業平のイラストが描かれています

DATA

不退寺 MAP P.6-D3

開創／847年（承和14年）
山号／金龍山　宗旨／真言律宗
住所／奈良県奈良市法蓮町517
電話／080-8943-1201（不退寺）
交通／近鉄「新大宮駅」から徒歩15分、または近鉄「大和西大寺駅」から近鉄奈良行きバス「不退寺口」バス停より徒歩3分
拝観時間・御朱印授与／9:00～17:00（受付16:50頃）
拝観料／大人500円、中高生300円、小学生200円
URL http://www3.kcn.ne.jp/~futaiji/

お寺の方からのメッセージ

春期（3/1～5/31）と秋期（10/1～11/30）の特別展では業平画像、伊勢物語、こけら経などの貴重な寺宝を公開。また5/28の業平忌では法要を行い、多宝塔を特別開扉します。

業平自作と伝わる本堂の高さ約1.9mの聖観世音菩薩立像は、業平観音とも呼ばれます。宝冠に幅広のリボンを蝶結びにしたような装飾が左右に施され、愛らしい観音像です。

さまざまな活動を通じてご縁をつなぐ

ご住職との何気ない会話や触れ合いが心に残る……
豊かな緑に囲まれたのどかな寺院。

三重

真善寺【しんぜんじ】

その他の御利益
学業成就など

ご本尊
阿弥陀如来《あみだにょらい》

「お寺に親しみをもって、憩いの場にしてほしいと常々、思っていたのです。御朱印がそのきっかけになればと思い、書き始めました」と轟信宏住職は話します。「当寺は教学上、御朱印に本尊名は書きません。参拝した記念や思い出として、また参拝いただいた思いやお気持ち、ご縁を大切にするということで、御朱印をお書きしています」。温かい気持ちが伝わる御朱印です。

みんなのクチコミ!!

真善寺の境内の草木で染めた、住職手作りの草木染めの小布が頒布されています。「御朱印帳のしおりなどに使うとステキ」と人気です

仏様とお寺、参拝した方がつながる空間

本堂は、開放感に満ちあふれたお堂。行事や寺院イベントの際には、本堂正面の扉を取り、本堂と境内が一体となった空間が生まれます。住職は参拝者にできる限り声をかけ、触れ合う機会をもつようにしているそうです。「穏やかな気持ちになっていただきたいからです。御朱印にもそんな願いを込めています」

毎年本堂に飾られる、ひな壇、つるし雛。すべて手作りの大小さまざまな人形が約千体あり、本堂はひな祭り、お雛さま一色になります。子供たちの健やかな成長を願う雛飾りとして、毎年多くの人たちがお参りします

オリジナルキャラクター「ほうえん君」が両面合掌している表紙。御朱印を通じて仏縁があるようにという願いを込めたもの。冥加金はお気持ちで、とのこと

御朱印と御朱印帳はP.29・35でも紹介!

墨書／奉拝、旭曜山、真善寺　印／三宝印、旭曜山真善寺印

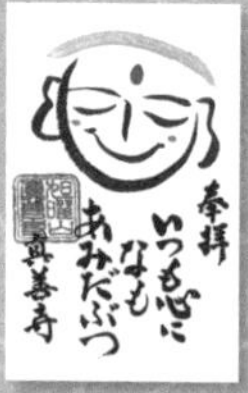

墨書／奉拝、いつも心になもあみだぶつ、真善寺　印／旭曜山真善寺印

墨書／奉拝、世の中安穏なれ仏法ひろまれ、真善寺　印／旭曜山真善寺印

DATA
真善寺 MAP P.7-B2
開創／1173年（承安3年）
山号／旭曜山
宗旨／真宗高田派
住所／三重県亀山市小野町307
電話／0595-82-8188
交通／JR「関駅」から徒歩15分
拝観時間／不定期のためそのつどHPにて御朱印対応日を確認してください
御朱印授与／HPの「御朱印対応日」をクリックしますと表示されます
拝観料／無料
URL https://shinzenji.org/

お寺の方からのメッセージ

当寺院では、「笑福永幸」笑えば福（真の善）がくる、そしていつまでも幸せにという思いを込めて活動しています。お寺は居心地がよいところだと感じていただけるよう努めております。

かつて大きな製糸工場があった亀山市には養蚕農家が多く、境内には養蚕の神様である猫塚があります。自分が飼っている猫や犬に見えるといって、塚をなでていかれる方も多いそうです。

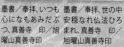

広大な境内をもつ、8世紀創建の古刹

和歌山

粉河寺【こかわでら】

西国三十三所の第3番札所です。寺宝の「粉河寺縁起絵巻」は国宝。絵巻によると770年（宝亀元年）、大伴《おおともの》孔《く》子古《しこ》が観音像を安置したのが最初です。鎌倉時代には七堂伽藍、東西南北それぞれ約40㎞もの境内を有したそうですが、1585年（天正13年）、兵乱に遭い焼失。江戸時代に、現在の堂塔が再建されました。

その他の御利益
厄除開運、病気平癒など

ご本尊
千手千眼観世音菩薩《せんじゅせんがんかんぜおんぼさつ》

ご本尊の千手観音の化身、秘仏の童男行者は、年に1回ご開扉されます

庭園は、桃山時代の作庭とされる石組。日本庭園でも先例のない様式で、国指定名勝とされています

墨書／奉拝、大悲殿、粉河寺　印／西國第三番、千手観音を表す梵字キリークの周辺に梵字オン・バ・ザラ・ダ・ラマの寶印

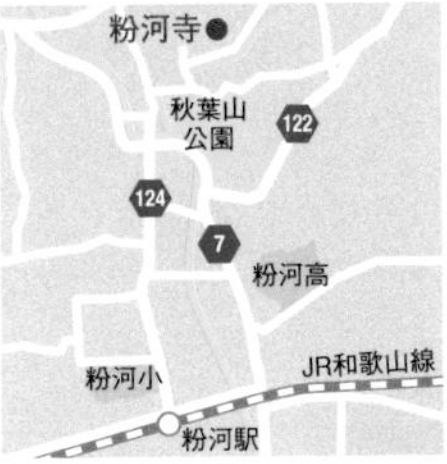

DATA
粉河寺　MAP P.7-A3
開創／770年（宝亀元年）
山号／風猛山
宗旨／粉河観音宗総本山
住所／和歌山県紀の川市粉河2787
電話／0736-73-4830
交通／JR「粉河駅」より徒歩15分
拝観時間・御朱印授与／8:00～17:00
拝観料／無料
URL http://www.kokawadera.org/

みんなのクチコミ!!

粉河寺境内にある粉河寺の鎮守「粉河産土神社」には、丹生都姫命、天忍穂耳命が祀られています。その境内社の白山神社は、加賀一の宮「白山比咩」から勧請された恋愛成就・夫婦和合の神様です

高野山で縁結びといえばここ！

和歌山

金剛三昧院【こんごうさんまいいん】

源頼朝の菩提寺として建立された、禅定院という寺院が前身です。その後、北条政子が寺院を拡大、金剛三昧院と改めました。静かな境内には経蔵、本坊、庫裏、四所明神社などの重要文化財が建ち並びます。本尊の愛染明王は恋愛成就の仏様で、子宝・安産祈願も行われています。男女の縁だけでなく、よい仕事に巡り会えるなど、さまざまな縁結びの御利益があるといわれています。

その他の御利益
息災、増益、敬愛など

ご本尊
愛染明王《あいぜんみょうおう》

本尊の愛染明王像は、北条政子が仏師運慶に依頼して、頼朝公の等身大の坐像念持仏として作成されたと伝わります

高さ15mの多宝塔（国宝）は、1223年（貞応2年）の建造で高野山に現存する最古の建築物です。運慶作と伝わる五智如来像が安置されています

墨書／奉拝、高野山、愛染明王を表す梵字「ウン」、愛染明王、金剛三昧院　印／長老閣、梵字、金剛三昧院印　●御朱印は全6種類あります　✉郵送可

DATA
金剛三昧院　MAP P.7-A3
開創／1211年（建暦元年）
山号／高野山　宗旨／高野山真言宗
住所／和歌山県伊都郡高野町高野山425
電話／0736-56-3838
交通／高野山ケーブル「高野山駅」から南海りんかんバス「千手院橋」バス停下車、徒歩7分
拝観時間・御朱印授与／8:00～17:00（受付16:45まで）
拝観料／300円（特別拝観期は500円）
URL https://www.kongosanmaiin.or.jp/

みんなのクチコミ!!

金剛三昧院は高野山を代表する花シャクナゲの名所で、4月末～5月中旬に見頃を迎えます

本堂は重要文化財。日本で2、3番目に古い奈良時代後期の千手観音が拝観できます

歌舞伎や浄瑠璃で知られる名刹

『安珍・清姫』や『宮子姫』の物語が伝わる開創1300年余りの和歌山県最古の古寺。

和歌山

道成寺【どうじょうじ】

その他の御利益
女性の開運、芸道成達など

ご本尊
千手観世音菩薩《せんじゅかんぜおんぼさつ》

みんなのクチコミ!!
門前にレストランやおみやげ屋さんが数軒。つりがねまんじゅうのお店だけでも3軒。食べ比べも楽しめます

701年（大宝元年）、文武天皇の勅願によって建立されたと伝わります。言い伝えによれば、道成寺の近くで生まれた娘が、海からひろい上げた観音像を拝んでいるうちに、髪長姫と呼ばれる美しく長い髪の持ち主に成長、後に文武天皇の夫人に選ばれます。この宮子姫の発願によって、故郷に道成寺が建てられたとされています。以来道成寺は、女性の良縁と開運を祈る寺となっています。

また、能や歌舞伎などで知られる道成寺ゆかりの『安珍・清姫』の恋の物語も、『道成寺物』として有名です。

和歌山県下に現存する最古のお寺です。

紀州路屈指の文化財の宝庫

境内の宝佛殿には国宝のご本尊千手観音像、日光菩薩像、月光菩薩像をはじめ、重要文化財11点、県指定文化財4点を含む二十数体の仏像が安置されています。

縁起堂では『安珍・清姫』の物語を、絵巻物を広げて紹介する「絵とき説法」を毎日聞くことができます

道成寺縁起（道成寺蔵/重要文化財）。上は道成寺に逃げ込んだ安珍をかくまう僧。下はクライマックスの『鐘巻』の場面

墨書／天音山、千手院、道成寺
印／新西國第五霊場、梵字キリークの千手観音を表す印、天音山 道成寺

お守り

芸道成達守は道成寺の日本舞踊や歌舞伎、能楽にちなむもの（一体500円）

DATA
道成寺 MAP P.7-A4
開創／701年（大宝元年）
山号／天音山　宗旨／天台宗
住所／和歌山県日高郡日高川町鐘巻1738
電話／0738-22-0543
交通／JR「道成寺駅」から徒歩8分
拝観時間・御朱印授与／9:00～17:00
拝観料／700円
URL http://dojoji.com/

お寺の方からのメッセージ
春（3/20～4/8）、秋（10/1～11/30）は普段入れない本堂が無料公開されます。また、この期間中、春は桜の花、秋は紅葉の入る期間限定朱印も授与されます。

4月27日の会式では、安珍清姫の物語を再現した行列や「ジャンジャカ踊り」が行われます。

第三章　御利益別！今行きたいお寺

Part3

金運・財運

商売がすごく繁盛した！宝くじが当たった！給料が上がった！……人生に大切な金運や財運を願うあなたにおすすめのお寺はこちら。

◉六波羅蜜寺（京都）
◉双林院（山科聖天）（京都）
◉三室戸寺（京都）／清荒神清澄寺（兵庫）
◉播州清水寺（兵庫）
◉朝護孫子寺（奈良）

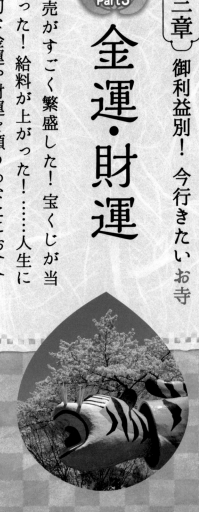

本堂は1363年(貞治2年)の修営。西国三十三所の第17番札所

念仏を唱える空也上人の像で有名

開山の空也上人は醍醐天皇の皇子。常に民衆のなかにあり、救済に努めました。

京都

六波羅蜜寺【ろくはらみつじ】

その他の御利益
芸能、恋愛成就、縁結びなど

ご本尊
十一面観世音菩薩《じゅういちめんかんぜおんぼさつ》

951年（天暦5年）、京都に疫病が流行。村上天皇は空也上人に病気退散の命を下します。上人は十一面観音を刻み、車に安置して念仏を唱えながら市内を引き回します。その際、病人を訪ね歩き、仏前に供えた特別なお茶に梅干しと結び昆布を入れたものを飲ませると悪病は鎮まったのです。上人は死者を弔うため、お堂を建て十一面観音を祀りました。それがこの寺の始まりです。

民衆救済のため、市内を歩いた姿を表したのが空也上人立像です。左手には鹿の角を飾った杖を持ち、鹿の革を使った衣をまとわれたお姿です。

源氏と平家のそれぞれに縁のお寺

本堂と弁天堂。弁天堂には都七福神めぐりの弁財天が祀られています。新設された令和館では、有名な空也上人立像（重要文化財）のほか、平清盛坐像などを見ることができます。

みんなのクチコミ!!

お寺から歩いて1分くらいのところにある「みなとや幽霊子育飴本舗」は、450年以上続く老舗の飴屋さんです。お寺を訪ねたら、ぜひ立ち寄ってください。おすすめです

お守り

銭洗い弁財天にお参りして、金運の御利益があるとされる水でお金を清めて持ち帰りましょう。金運守は、清めたお金を包むためのお守り（600円）

御朱印帳

オリジナル御朱印帳は、空也上人の刻んだご本尊の厨子に描かれた飛天図を図案化。4種類（黒、赤、青は1500円、金は2000円）

墨書／奉拝、弁財天、六波羅

印／都七福神福徳自在、弁財天を表す梵字ソの印、六波羅蜜寺印

DATA

六波羅蜜寺 MAP P.6-D2

開創／951年（天暦5年）

山号／補陀落山　宗旨／真言宗智山派

住所／京都府京都市東山区轆轤町81-1

電話／075-561-6980

交通／京都市バス「清水道」バス停から徒歩7分、阪急「河原町駅」から徒歩15分、京阪電車「清水五条駅」から徒歩7分

拝観時間・御朱印授与／8:00～17:00（宝物館8:30～16:30）

拝観料／無料（宝物館600円）

URL https://rokuhara.or.jp/

お寺の方からのメッセージ

「巳の日」は弁財天の御朱印に「福寿弁財天特別印(金印)」が、また毎月7日には都七福神金印が授与されます。いずれも志納料は300円です。

念仏を唱えると口から六体の阿弥陀が現れたという空也上人の像は、鎌倉時代の作で仏師運慶の四男康勝が彫った木像です。本堂裏手にある宝物館で拝観できます。

「宝」をくださる究極の仏様

「山科聖天」の名で知られ、財運・良縁など「人それぞれの宝」を授けてくださる究極の仏様。

京都

双林院（山科聖天）

【そうりんいん（やましなしょうてん）】

金運・財運

聖天堂（本堂）には、武田信玄が兜に入れていたと伝わる聖天像もあります

毘沙門堂の塔頭です。ご本尊に大聖歓喜天を祀り「山科聖天」の名前で知られています。毘沙門堂の奥にある、里山に隠れるような塔頭へ、本気で願いをかなえたい人たちが導かれるように訪れています。

聖天堂には秘仏の大聖歓喜天と奉納された百体以上もの歓喜天が祀られています。頭が象、首から下が人間という姿のご本尊は、ヒンドゥー教の神様「ガネーシャ」由縁とされ、夫婦和合、縁結び、財富の御利益で知られます。

不動堂には比叡山より勧請された不動明王が安置され、お堂右奥の崖下には不動の滝が流れ落ちています。

その他の御利益
縁結び、病気平癒、子授け
など

ご本尊
大聖歓喜天《だいしょうかんぎてん》

みんなのクチコミ!!

毎月の縁日で行われる「歓喜天浴油法」は密教に伝わる秘儀です。御神体に油をかけ祈願します

創建当時のご本尊「光坊の弥陀」

阿弥陀堂には湖東三山の西明寺から勧請された阿弥陀如来が安置されています（非公開）。

秋には、境内は美しい紅葉に。静かに境内を楽しむことができる穴場となっています

大根は夫婦和合、巾着は金運・商売繁盛の御利益を表します。御朱印の印にも大根と描かれています

御朱印はP.24でも紹介！

墨書／奉拝、歓喜天尊、山科聖天　印／京都山科歓喜天霊場、歓喜天の真言を表す梵字キリクギャクの印、福袋印、双林院歓喜天

御朱印帳

聖天堂の円壇に掘られた瑞獣がデザインされた御朱印帳（2000円）

お守り

金運や開運が祈願された「福袋御守」（800円）

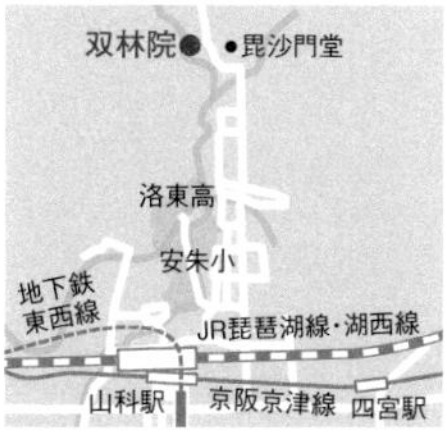

DATA

双林院（山科聖天） MAP P.7-B2

開創／1665年（寛文5年）

山号／護法山　宗旨／天台宗

住所／京都府京都市山科区安朱稲荷町18-1

電話／075-581-0036

交通／JR・地下鉄・京阪「山科駅」より徒歩15分

拝観／9:00～17:00（冬季～16:00）

御朱印授与／9:00～16:00

拝観料／無料

URL https://yamashina-syouten.com/

お寺の方からのメッセージ

春から夏にかけては新緑と桜やつつじ、秋の紅葉、そして雪化粧した冬の境内など、四季の移ろいと日本の原風景を体感してください。

不動明王像は1571年（元亀2年）、織田信長の比叡山焼き討ちで損傷した仏像の部材を集めて造仏されたといわれています。

四季を通じて美しい花々を堪能

京都

三室戸寺【みむろとじ】

光仁天皇の勅願により開かれ、皇族、貴族の崇敬を集めました。なでると金が戻ってくると伝わる古鐘の龍頭や、しっぽをさすると金運がつくといわれる宇賀神像などの金運スポットがあります。大庭園には2万株のツツジや1万株のアジサイが植えられ、蓮園では100種のハスが咲く、京都屈指の花寺として有名です。

墨書／奉拝、大悲殿、三室戸寺　印／西國第十番、千手観音を表す梵字「キリーク」、三室戸寺　●「大悲殿」は本堂を指し、33年に1回御開帳される秘仏である本尊が祀られています

周辺は『源氏物語』宇治十帖の舞台で、三室戸寺には源氏物語の終盤に登場する浮舟の念持仏が祀られ、浮舟之古跡碑も立っています

四季折々の花のなかでも特に人気なのがアジサイ。石段のアジサイアート、土日限定のライトアップもお見逃しなく！

お守り

見つけると恋がかなうというハートのアジサイにちなんだ「ハートアジサイのお守り」（500円）

その他の御利益
勝運、昇運など

ご本尊
千手観世音菩薩《せんじゅかんぜおんぼさつ》

DATA

三室戸寺　MAP P.7-B2

開創／770年（宝亀元年）

山号／明星山　宗旨／本山修験宗

住所／京都府宇治市莵道滋賀谷21

電話／0774-21-2067

交通／京阪「三室戸駅」から徒歩15分

拝観時間・御朱印授与／8:30～15:10

拝観料／500円（2月～7月・11月は1000円）

URL https://www.mimurotoji.com/

みんなのクチコミ!!

昇運や勝運の御利益がある狛兎や宝勝牛、龍の彫刻など、パワースポット満載です

お賽銭の倍返しで人生をサポート！

兵庫

清荒神清澄寺【きよしこうじんせいちょうじ】

宇多天皇から「日本第一清荒神」の称号を授かった名刹。山門をくぐると正面に本堂、左手には鳥居が鎮座しています。お寺と神社が同居しているのです。天堂に祀られているのは、火の神・台所の神である三宝荒神王です。かまどがにぎわえば家や会社が繁栄するとされ、開運や商売繁盛の神として信仰を集めています。

御朱印帳

一願地蔵尊と本堂が描かれた「御朱印帳」（1800円）

頒布品

火箸で厄を挟み除く「厄除開運御火箸」（2000円）。大厄では前厄から3年間、小厄では1年間ほど自宅でお祀りしてから納所に収めます

荒神様が現れたと伝わる荒神影向（ようごう）の榊の根元にお供えされたお賽銭を持ち帰り、財布に入れて金運のお守りにします。次の参拝でお賽銭を「倍返し」する風習があります

その他の御利益
心願成就、厄除け開運、家内安全など

ご本尊
大日如来、荒神尊王《だいにちにょらい、こうじんそんのう》

墨書／奉拝、清荒神王、清澄寺　印／日本第一清荒神王、宝珠の印、清荒神

墨書／奉拝、大日如来、清澄寺　印／摂津國第七十二番、八葉蓮華の印に大日如来を表すバンの梵字、清荒神清澄寺

DATA

清荒神清澄寺　MAP P.7-A2

開創／896年（寛平8年）

山号／蓬莱山　宗旨／真言三宝宗

住所／兵庫県宝塚市米谷字清シ1番地

電話／0797-86-6641

交通／阪急宝塚線「清荒神駅」から徒歩15分

拝観時間／5:00～21:00

御朱印授与／9:00～17:00

拝観料／無料

URL http://www.kiyoshikojin.or.jp/

みんなのクチコミ!!

毎月27日と28日は「月並三宝例祭」で荒神様の縁日。1月、4月、12月の三宝荒神大祭は多くの参拝者が訪れ、参道には露店も立ち並びます

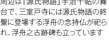

根本中堂は、627年（推古天皇35年）に創建された推古天皇の勅願所です

兵庫

播州清水寺
【ばんしゅうきよみずでら】

「蛇の抜け殻金運御守」が人気

標高500mの山上に位置、7世紀初め推古天皇の時代に法道仙人が根本中堂を建立。

その他の御利益
家内安全、心願成就など

ご本尊
十一面千手観世音菩薩《じゅういちめんせんじゅかんぜおんぼさつ》

627年（推古天皇35年）、天皇の勅願でインドからの渡来僧法道仙人が根本中堂を建立し、十一面観音を安置したのが始まりとされます。当時は、この地は水に恵まれず、仙人が水神に祈ったところ、霊水が湧き出したため清水寺と名づけたといいます。その後、725年（神亀2年）には聖武天皇の勅命により、僧行基が大講堂を建て十一面千手観音を祀りました。

平安時代は坂上田村麻呂が奥州征伐に向かう前に、必勝を祈願して大刀を奉納。この大刀は重要文化財となっています。

秋の紅葉が見事でシーズンにはライトアップがあります。

月見亭や薬師堂などが建つ広い境内

大講堂は、西国25番の札堂です。725年（神亀2年）に創建された聖武天皇の勅願所。1913年（大正2年）に火災で根本中堂とともに焼失、その後再建されています。根本中堂裏の「おかげの井戸」は、水面に顔を映すと「寿命が3年延びる」と伝わります。

墨書／奉拝、大講堂、清水寺
印／西國二十五番、梵字キリークの千手観音を表す印、播磨國清水寺印

薬師堂の薬師如来をお守りする十二神将は、彫刻家の籔内佐斗司氏によるもので、そのユニークな姿に引かれて訪れる方も多いそうです

みんなのクチコミ!!

四季折々お花が楽しめるお寺です。境内はワンちゃんともお参りができます。なんとドッグランもあります

お守り

蛇の抜け殻金運御守。蛇は繁栄の象徴とされ、抜け殻を財布に入れておくと金運が上昇するといわれています（5種2000円）

福手御守。ワンちゃんと飼い主さんの開運招福と健康長寿を祈願（大2000円、小1800円）

DATA

播州清水寺 MAP P.7-A2

開創／627年（推古天皇35年）
山号／御嶽山　宗旨／天台宗
住所／兵庫県加東市平木1194
電話／0795-45-0025
交通／JR「相野駅」から神姫バス45分「清水寺」バス停下車
拝観時間・御朱印授与／8:00～17:00（入場は16:30まで）
拝観料／500円
URL https://kiyomizudera.net/

お寺の方からのメッセージ

ワンちゃんとのお参りも大歓迎です。御朱印はお参りしてから受けていただくよう、お願いいたします。

御嶽山山上に位置し、境内からは六甲山、淡路島、明石海峡大橋までもが見渡せます。桜やアジサイ、紅葉の名所としても有名です。

広い境内には寅がいっぱい！

誰もが親しみを込めて「信貴山（しぎさん）」と呼ぶ、古い歴史をもつ真言宗の名刹です。

奈良

朝護孫子寺

【ちょうごそんしじ】

インパクト抜群の世界一福寅は、インスタ映えで人気

その他の御利益
学業成就、商売繁盛、開運招福など

ご本尊
毘沙門天《びしゃもんてん》

多くの人が「信貴山」といえば「寅」を思い浮かべます。入口で迎えてくれる全長6mという世界最大の張り子の寅。境内には、あうんの寅、満願の寅、笑寅などの石造物があり、売店には寅の絵馬や土鈴、お守りと、そこかしこで寅たちと出合えます。

なぜ、寅なのでしょうか？ それは、このお寺の創建に由来します。物部守屋の討伐に向かう聖徳太子が途中、この地で戦勝祈願をしたところ、毘沙門天が現れ必勝の秘法を授けました。その日が寅年寅日寅の刻だったのです。戦いに勝利した太子は、この山に毘沙門天を祀りました。

元旦には本堂の舞台から奈良盆地に登る初日の出が拝め、人気のスポットになります。

毘沙門天信仰の総本山、信貴山

ご本尊の毘沙門天を祀る本堂。舞台からは大和平野を一望できるすばらしい眺めが楽しめます。

名物「寅まんじゅう」（150円）

満開の桜と青空に、黄色い寅が印象的

墨書／奉拝、毘沙門天、信貴山、朝護孫子寺　印／毘沙門天日本最初出現霊場、梵字ベイの毘沙門天を表す印、総本山信貴山本堂印　●本堂で頂ける御朱印は８種類。その他、成福院、千手院、玉蔵院でも御朱印が頂けます

御朱印帳

親しみのある毘沙門様が描かれた御朱印帳（2000円）。「寅の日」に御朱印をいただくとかわいいトラのハンコを押してもらえる

みんなのクチコミ!!

必勝の秘法を授けた毘沙門天を祀り、寅と縁が深いことから、阪神タイガースの関係者やファンが必勝祈願に来るお寺です。阪神タイガース必勝祈願の御祈祷札もあります

絵巻物の最高傑作とされる国宝『信貴山縁起絵巻』（秋の特別展示公開以外は複製を展示）をはじめ、数々の宝物が展示されている霊宝館。一般拝観料は大人300円、小人200円（特別展は別途料金）

DATA

朝護孫子寺 MAP P.7-B2

開創／587年（用明天皇2年）

山号／信貴山　宗旨／信貴山真言宗

住所／奈良県生駒郡平群町信貴山2280-1

電話／0745-72-2277

交通／JR・近鉄「王寺駅」から奈良交通バス「信貴山門」バス停より徒歩8分

拝観時間・御朱印授与／9:00～17:00

拝観料／境内無料

URL https://www.sigisan.or.jp

頒布品

孫寅（1000円）

お寺の方からのメッセージ

毘沙門天王と縁の深い寅にあやかった「信貴山寅まつり」が、毎年寅の月（2月）の最終の土・日曜日に開催されます。「寅行列」や「張り子の寅祈祷」などが行われ、屋台なども多数出店してにぎわいます。

朝護孫子寺が建つのは標高437mの信貴山の中腹。広大な境内には成福院、千手院、玉蔵院といった塔頭があり、宿坊としても人気。春にはサクラ、秋には紅葉の名所として知られています。

第三章

御利益別！ 今行きたいお寺

Part 4

美容・健康

人生で大切なことはまず「健康」。元気な身体を得て、その上に美しさに恵まれればいうことなし！美と健康を願うあなたの味方はこちらのお寺。

- ◉長命寺（滋賀）／柳谷観音（楊谷寺）（京都）
- ◉総本山 御寺 泉涌寺（京都）／今熊野観音寺（京都）
- ◉勝林寺（京都）／穴太寺（京都）
- ◉松尾寺（京都）／鶴林寺（兵庫）
- ◉薬師寺（奈良）
- ◉霊山寺（奈良）
- ◉室生寺（奈良）
- ◉慈尊院（和歌山）
- ◉石薬師寺（三重）

健康長寿の観音さん

滋賀

長命寺【ちょうめいじ】

長命山を訪ねた聖徳太子が「寿命長遠諸願成就」と刻まれた柳を見つけ、千手十一面聖観音の三尊一体の観音像を刻み、伽藍に安置し、「長命寺」と名づけたそうです。それより500年以上前に、300年生きたという武内宿禰が柳に文字を刻んだとされ、無病息災を授けてくれる観音様として信仰を集めています。

その他の御利益
諸願成就
など

ご本尊
千手十一面聖観音菩薩《せんじゅじゅういちめんしょうかんのんぼさつ》

墨書／奉拝、大悲殿、長命寺　印／西国卅一番、千手観音を表す梵字「キリク」、姨綺耶山長命寺之印　●大悲とは観音菩薩の広大な慈悲の心を表します

本堂右手の三重塔は慶長2年（1597年）の建立、桃山時代の形式を伝え、重要文化財に指定されています

琵琶湖畔にそびえる長命山の山腹に建ち、境内からは琵琶湖が眼下に見渡せます

DATA
長命寺　MAP P.7-B2
開創／619年（推古天皇27年）
山号／姨綺耶山　宗旨／単立
住所／滋賀県近江八幡市長命寺町157
電話／0748-33-0031
交通／JR「近江八幡駅」からバス25分、「長命寺」バス停下車、徒歩30分、車利用なら本堂手前まで車道がある
拝観時間・御朱印授与／8:00～17:00
拝観料／無料

みんなのクチコミ!!
本堂へ続く石段の両脇には樹木が茂り、いかにも歴史ある霊場という雰囲気です

弘法大師ゆかりの「目の観音様」

京都

柳谷観音（楊谷寺）【やなぎだにかんのん（ようこくじ）】

弘法大師（空海）が祈祷した「独鈷水（おこうずい）」は、江戸時代に霊元天皇の眼病を治したと伝わっている霊水です。明治時代まで天皇家に献上され、今なお眼病に悩む人々からあつい信仰を集めています。境内の左奥から湧き出る霊水を汲み、観音様にお供えしてから持ち帰って、目元を洗うとよいとされます。

その他の御利益
縁結び、恋愛成就、仕事運
など

ご本尊
十一面千手千眼観世音菩薩《じゅういちめんせんじゅせんげんかんぜおんぼさつ》

頒布品

目によいメグスリノキ茶（1200円）や美人茶（800円）も頂けます

御朱印帳

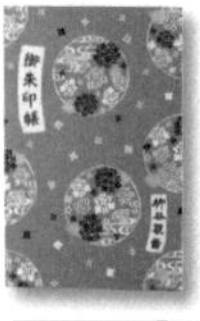

アジサイの花手水をあしらった御朱印帳（2000円）

＼御朱印はP.22でも紹介！／

墨書／奉拝、眼力、楊谷寺　印／正一位眼力稲荷社、神狐の印、立願山楊谷寺
※眼力稲荷社の御朱印は毎月17日の限定配布です

墨書／奉拝、柳谷大悲殿、楊谷寺　印／新西国十七番、千手観音菩薩を表す梵字キリークの印、立願山楊谷寺

DATA
柳谷観音（楊谷寺）
MAP P.7-B2
開創／806年（大同元年）
山号／立願山　宗旨／西山浄土宗
住所／京都府長岡京市浄土谷堂ノ谷2
電話／075-956-0017
交通／阪急京都線「長岡天神駅」から車10分
拝観時間・御朱印授与／9:00～16:30　拝観料／500円（あじさいウィーク期間はHP参照）
URL http://yanagidani.jp/

みんなのクチコミ!!

手水舎・手水鉢に季節の花々を浮かべた「花手水」の発祥のお寺です。四季を感じる趣向が女性を中心に評判です

美しい楊貴妃観音を祀る

京都

総本山 御寺 泉涌寺

【そうほんざんみてらせんにゅうじ】

楊貴妃観音は聖観世音菩薩です。楊貴妃は、唐の時代に玄宗皇帝に愛された美貌の皇妃。観音像は楊貴妃亡きあと、皇帝が妃の面影をしのぶため彫った像が渡来したとの伝承が生まれ、江戸時代には楊貴妃観音と呼ばれていたそうです。

観音堂に安置された像は極楽に咲くという法相華の白い花を右手に持ち、その姿は優美という表現がぴったりです。

その他の御利益 縁結び など

ご本尊

三尊仏《さんぞんぶつ》（釈迦如来《しゃかにょらい》、阿弥陀如来《あみだにょらい》、弥勒如来《みろくにょらい》）

御朱印帳

右／鳳凰が描かれた「瑞鳥御朱印帳」（1200円）
左／泉涌寺紋章入り御朱印帳（1200円）

御座所は両陛下や皇族の方々の御休所として現在も使われており、四季折々の風景を楽しめます

美人祈願御守（200円）

お守り

墨書／奉拝、霊明殿、みてら、泉涌寺　印／皇室香華院、菊御紋、御寺泉涌寺印

墨書／奉拝、楊貴妃観音、泉涌寺、観音堂　印／洛陽二十番、波紋、楊貴妃観音堂

DATA
泉涌寺　MAP P.6-D2
開創／1226年（嘉禄2年）
山号／東山　宗旨／真言宗
住所／京都府京都市東山区泉涌寺山内町27　電話／075-561-1551
交通／JR・京阪「東福寺駅」から徒歩20分、または市バス「泉涌寺通」から徒歩15分
拝観時間・御朱印授与／9:00～17:00（12～2月～16:30）　拝観料／500円　特別拝観+500円
URL https://mitera.org/

みんなのクチコミ!!

「プライベートプレミアム特別拝観」は、舎利殿や霊明殿など、普段はなかなか見ることができないところを僧侶の方の解説を聞きながらゆっくり見学できます

熊野権現示現の伝説の聖地

京都

今熊野観音寺

【いまくまのかんのんじ】

9世紀初めに弘法大師を開基として創建。大師が熊野権現と出会ったとされる神聖な場所です。境内には大師が錫杖で岩をうがつと湧出したとされる五智水が井戸水として湧き、本堂には大師作と伝わる観音像が秘仏として安置されています。平安末期、後白河法皇が頭痛平癒を本尊に祈願すると成就したことから、頭痛平癒、厄除の観音様として親しまれ、「頭の観音さん」と呼ばれています。

その他の御利益 学業成就 など

ご本尊

十一面観世音菩薩《じゅういちめんかんぜおんぼさつ》

墨書／奉拝、大悲殿、観音寺　印／西國十五番、十一面観音を表す梵字「キリーク」、役者　●本尊は大師が熊野権現より授かった1寸8分の観音像を胎内仏として自ら彫刻したと伝わります

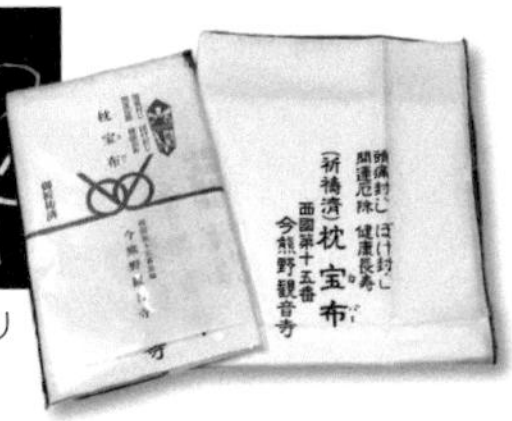

頭痛封じ、ぼけ封じ、開運厄除のお守りとして有名な枕カバー（1000円）

DATA
今熊野観音寺　MAP P.6-D2
開創／825年（天長2年）頃
山号／新那智山　宗旨／真言宗
住所／京都府京都市東山区泉涌寺山内町32
電話／075-561-5511
交通／市バス「泉涌寺道」バス停から徒歩10分
拝観時間・御朱印授与／8:00～17:00
拝観料／無料
URL https://www.kannon.jp/

みんなのクチコミ!!

ぼけ封じ近畿十楽観音霊場の第1番札所で、大師堂の前にはぼけ封じ観音様が立っています

美と幸福、良縁の御利益も

京都

勝林寺【しょうりんじ】

東福寺（→P.58）の鬼門を平安時代から守り続ける、毘沙門天を本堂に祀る塔頭です。ご本尊の側に立つのは、毘沙門天の妻であり、女性に美と幸福を授けるとされる吉祥天。境内には無数のカエデがあり、特に「吉祥紅葉」で有名。その美しさから古来より吉祥天が宿るといわれており、燃えるような真紅に色づく姿は圧巻です。

御朱印と御朱印帳はP.22・31でも紹介！

墨書／奉拝、毘沙門天、勝林寺　印／梅室羅山、毘沙門天三尊を表す梵字「ベイ・シリー・キャ」、勝林禅寺　●四季折々のカラフルな御朱印が人気です

お守り

吉祥天の御利益を授けてくれる「美守」（600円）。カラーバリエーションが豊富です

像高145.7cm、ほぼ等身大の毘沙門天像。秘仏で年に3回特別公開されます

その他の御利益
金運、財運、勝運など

ご本尊
毘沙門天《びしゃもんてん》

DATA
勝林寺　MAP P.6-D2
開創／1550年（天文19年）
山号／梅室羅山　宗旨／臨済宗東福寺派
住所／京都府京都市東山区本町15-795
電話／075-561-4311
交通／JR・京阪本線「東福寺駅」から徒歩8分
拝観時間・御朱印授与／10:00～16:00
拝観料／無料（特別拝観時のみ700円）
URL https://shourin-ji.org

みんなのクチコミ!!

枯山水庭園の和傘や、カラフルな花手水など、かわいいフォトスポットがいっぱいです

諸病を治す「なで仏」に治癒を願う

京都

穴太寺【あなおじ】

亀岡市外の田園風景の中に建ちます。17世紀中期の建造とされる仁王門をくぐると左手に多宝塔があり、1804年（文化元年）の建立で亀岡市では唯一の木造の塔です。本堂に入ると、まず目に入るのは釈迦如来の涅槃像で、鎌倉後期の作とされています。この像をなでると病気が治癒すると伝わります。

ハスを枕にして横たわる像は1896年（明治29年）に本堂の屋根裏で見つかったそうです

その他の御利益
心願成就など

ご本尊
聖観世音菩薩《しょうかんぜおんぼさつ》

墨書／奉拝、聖大悲殿、穴太寺　印／西國廿一番、梵字サの聖観音を表す印、西國三十三所草創1300年、穴穂

DATA
穴太寺　MAP P.7-A2
開創／705年（慶雲2年）
山号／菩提山　宗旨／天台宗
住所／京都府亀岡市曽我部町穴太東ノ辻46　電話／0771-24-0809
交通／JR「亀岡駅」から京阪京都交通バスで「穴太口」バス停下車、徒歩10分
拝観時間・御朱印授与／8:00～17:00
拝観料／本堂300円、庭園300円、共通500円
URL https://saikoku33.gr.jp/place/21

みんなのクチコミ!!

本堂の東側にある念仏堂は1705年（宝永2年）の建立で、京都府登録文化財に指定されています。また、本堂から渡り廊下で続く円応院には池と植栽が調和した庭園が広がります

ご本尊が馬頭観音なのは西国唯一

京都

松尾寺【まつのおでら】

ご本尊は農耕、畜産、競馬にちなむ仏様として信仰を集め、交通安全や病気平癒の御利益があるともいわれています。秘仏ですが、お前立の観音像はご本尊そっくりとのこと。三面八臂、憤怒の表情です。毎年5月に行われる「仏舞」は、江戸時代から続く宗教行事として国指定重要無形民俗文化財にも指定されています。

その他の御利益
滅罪生善、交通安全、厄除けなど

ご本尊
馬頭観世音菩薩《ばとうかんぜおんぼさつ》

墨書／奉拝、馬頭尊、松尾寺
印／西國第廿九番、馬頭尊を表す梵字「カン」＋丹後松尾寺、青葉山松尾寺　●令和大改修勧進御朱印も頒布しています

本堂の改修は令和8年末まで続く予定で、その間はこの大師堂が仮本堂です

令和の大改修で生まれ変わった仁王門。改修にともなう発掘調査で、平安初期からこの地で人々が生活していたと判明しました

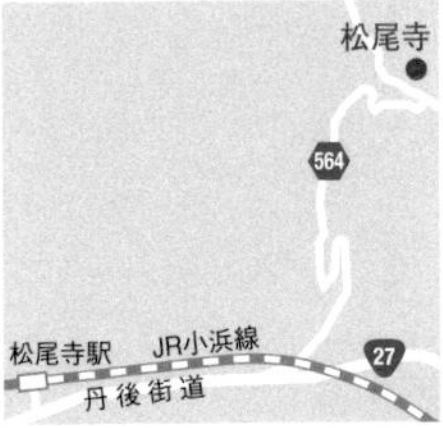

DATA
松尾寺 MAP P.7-A1
開創／708年（和銅元年）　山号／青葉山
宗旨／真言宗醍醐派　住所／京都府舞鶴市松尾532　電話／0773-62-2900
交通／JR「松尾寺駅」からタクシー10分
※松尾寺駅に常駐タクシーがないため東舞鶴から回送必要　拝観時間・御朱印授与／8:00～17:00（春秋の宝物殿公開時期のみ9:00～16:00）　拝観料／無料
URL http://www.matsunoodera.com/

みんなのクチコミ!!
鐘楼の脇にある大イチョウは、鳥羽天皇のお手植えと伝わります

聖徳太子が開基と伝わる

兵庫

鶴林寺【かくりんじ】

播磨の地に住んでいた高麗《こま》の僧恵便のために聖徳太子が建立したとされます。文化財を多く所蔵しており、本堂と太子堂は国宝、白鳳時代の銅造聖観音立像、平安時代の木造十一面観音立像ほか、合わせて18件が重要文化財に指定されています。本堂の中、左奥にはお釈迦様の弟子のひとりである賓頭盧尊者《びんずるそんじゃ》の仏像があり、自分の患部と同じ部分をなでると、病気や傷が治るといわれています。

その他の御利益
芸事、金運、財運など

ご本尊
薬師如来《やくしにょらい》

墨書／奉拝、醫王殿、鶴林寺
印／関西花の寺第九番、薬師如来を表す梵字「バイ」、刀田山鶴林寺
●醫王殿（医王殿）とは、薬師如来を表す名称です

正月の法要では、平安時代から続く「鬼追い」が行われます。赤と青の鬼が参詣人の間に飛び込んで大暴れしたあと、仏の力でよい鬼となって人々の厄を祓います

三重塔の一層目の南西部分の鬼瓦が鬼ににらまれる造りになっています。これは、鬼が邪を寄せ付けないように見張りをしているのだそう

DATA
鶴林寺 MAP P.7-A2
開創／587年（用明天皇2年）
山号／刀田山　宗旨／天台宗
住所／兵庫県加古川市加古川町北在家424
電話／079-454-7053
交通／JR「加古川駅」から徒歩20分、かこバス「鶴林寺」バス停から徒歩1分
拝観時間・御朱印授与／9:00～17:00（受付16:30まで）　拝観料／入山500円、宝物館500円（共通券800円）
URL https://www.kakurinji.or.jp/

みんなのクチコミ!!
3月に行われる鶴林寺最大の行事「太子会式」では、火渡りに参加できたり、たくさんの屋台が出てにぎわいます

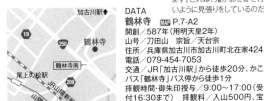

奈良

薬師寺【やくしじ】

東塔、西塔の遠景に天平を思う

東塔の大修理も終わり、１３００年前の伽藍が復興。いにしえの奈良の姿がよみがえる法相宗大本山。

1976年（昭和51年）に再建された金堂

天武天皇が６８０年（天武天皇９年）、皇后（後の持統天皇）の病気平癒を願い藤原京に建立を発願し、平城京遷都とともに現在の地に移転しました。金堂を中心に東塔と西塔を有する伽藍の配置は日本で最初です。金堂には日光・月光菩薩を従えた本尊・薬師如来が納められています。いずれも国宝です。東塔は７３０年（天平２年）の建立。薬師寺で唯一現存する創建時の建物で、解体修理が終了し薬師寺のいにしえの伽藍の姿がよみがえりました。

ご本尊

薬師如来《やくしにょらい》

みんなのクチコミ!!

近鉄西大寺駅から薬師寺の最寄りの西ノ京駅までの車窓からは、垂仁天皇陵、唐招提寺の樹林、薬師寺の塔が見え、奈良らしい風景が展開します。西ノ京駅から、薬師寺までは歩いてすぐです

焼失からの450年余りを経てよみがえった西塔

西塔は1981年（昭和56年）の再建です。東塔にはない連子窓があります。西塔が創建当初を忠実に再現した結果、何度か修理が行われた東塔とは少し違いが生じました。鮮やかな色彩は奈良時代の色です。

法相宗の教え「唯識」を学ぶ場である大講堂は、薬師寺で最大のお堂です。唯識の教主であるご本尊の弥勒如来のほか現存する最古の仏足石、仏足跡歌碑（いずれも国宝）などが安置されています

お守り

「薬師守り」（500円）はほかに緑、赤、紫、水色の全6色。鈴が付いたお守り袋がかわいいと人気

＼御朱印はP.26でも紹介！／

墨書／奉拝、薬師如来、薬師寺　印／西国薬師第一番、梵字バイの薬師如来を表す印、南都薬師寺印

墨書／奉拝、弥勒佛、薬師寺　印／兜率天宮、梵字ユの弥勒菩薩を表す印、薬師寺大講堂

DATA

薬師寺 MAP P.6-C4

山号／なし
宗旨／法相宗
住所／奈良県奈良市西ノ京町457
電話／0742-33-6001
交通／近鉄「西ノ京駅」から徒歩2分
拝観時間・御朱印授与／8:30～17:00（最終受付30分前）
拝観料／1100円、または1600円（特別公開含む）

拝観時間・御朱印授与／2024年2月29日まで 8:30～17:00(最終受付30分前)
2024年3月1日から 9:00～17:00(最終受付30分前)
拝観料／2024年1月15日まで 1100円
2024年1月16日から2月29日 800円
2024年3月1日から 1000円

URL https://yakushiji.or.jp/

お寺の方からのメッセージ

薬師寺ではお正月に罪過を懺悔し招福を祈る吉祥悔過という法要が営まれます。元旦から2週間、薬師如来の前に吉祥天画像がご本尊として祀られ、多くの初詣客が訪れ、金堂は人で埋まります。

東院堂に安置されている像高約189㎝の聖観音立像は、日本彫刻史上屈指の傑作とされています。白鳳時代の作で、整った容貌の観音像には、非業の死を遂げた有間皇子あるいは悲劇の主人公大津皇子がモデルという伝承が残ります。

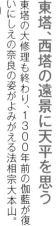

本堂は、鎌倉時代の代表的な建築物で国宝に指定されています

2000株のバラが咲く

平和を願い、安らぎを感じてもらおうと境内には4000㎡のバラ庭園があります。

奈良

霊山寺【りょうせんじ】

ご本尊
薬師如来《やくしにょらい》

みんなのクチコミ!!

霊山寺のあるエリアには、たくさんの古代の遺跡があります。お寺から車で5分の「富雄丸山古墳」は4世紀後半に造られたとされる日本最大の円墳です。時間があったら立ち寄ってください

霊山寺の建つ富雄は古事記に「登美」と記されています。小野妹子の息子と伝わる右大臣小野富人は672年（弘文天皇元年）、職を辞して登美山に閑居。薬師如来のお告げから薬草湯屋に薬師三尊を祀り病人を治療しました。その後、聖武天皇はこの薬師如来に皇女の病気平癒を祈願。成就したことから734年（天平6年）、この地に寺院を建立。後にインドから来たバラモン僧が故郷の霊鷲山に似ていることから、霊山寺と名づけたそうです。

三重塔は小塔ながら華麗。重要文化財

三間三間の桧皮葺き、総高17m。1283～84年（弘安6～7年）頃の建立と推定される鎌倉期の純和様式です。

十二支と星座を組み合わせた守り本尊が安置された八体仏霊場は、1991年（平成3年）に完成。人々の一生を守ってくれる開運、厄除けの仏様として信仰されています

1957年（昭和32年）に開園したバラ園は、広さ約1200坪の広さがあり、200種類2000株ものバラが、5月上旬から6月中旬と10月中旬から11月上旬までの年2回、見事に咲き誇ります。開園時間は8:00～17:00。年中開園です

墨書／奉拝、本尊薬師如来、霊山寺印／聖武天皇御勅願所、梵字バイの薬師如来を表す印、大和國霊山寺

DATA

霊山寺 MAP P.7-B2

開創／736年（天平8年）
山号／登美山鼻高
宗旨／霊山寺真言宗
住所／奈良県奈良市中町3879
電話／0742-45-0081
交通／近鉄奈良線「富雄駅」から奈良交通バス「霊山寺」下車すぐ
拝観時間／9:00～17:00（本堂10:00～16:00）
御朱印授与／9:00～17:00
拝観料／500円
URL http://www.ryosenji.jp/

お寺の方からのメッセージ

限定御朱印で「四季の金箔御朱印」があります。季節によって箔の色と紙の色が変わるので、季節ごとに訪れたくなります。志納料は1000円。

平安時代には弘法大師が訪れ、奥の院に大弁財天を祀ったと伝わります。鎌倉時代には北条氏の帰依があつく、本堂の改築などが行われました。

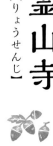

美しい五重塔とシャクナゲで有名

室生山の境内に、金堂、弥勒堂、五重塔が並び、奥の院には弘法大師を祀る御影堂が建ちます。

奈良

室生寺【むろうじ】

その他の御利益
縁結び、悪縁切り

ご本尊
如意輪観世音《にょいりんかんぜおん》

仁王門をくぐって境内に入ると針葉樹の緑があふれ、清涼な空気と山の静寂が迎えてくれます。鎧坂と名づけられた石段を上がると国宝の金堂があります。堂内では堂々とした中尊の釈迦如来立像（国宝）が迎えてくれます。その像高は約2m35cm、優美でありながら迫力ある一木造です。

金堂から参道を進めば本堂、そして五重塔（いずれも国宝）があり、塔の左手からは奥の院への石段が続きます。奥の院には弘法大師を祀る御影堂があります。鎌倉時代の建物で、御影堂としては日本最古級だそうです。

鮮やかな朱塗りの太鼓橋を渡ると表門があります。江戸時代、将軍綱吉の母である桂昌院が伽藍を寄進したことから女人高野となりました

本堂（灌頂堂）は1308年（延慶元年）の建立。ご本尊の如意輪観音菩薩が祀られています

みんなのクチコミ!!

奥の院への石段は720段あり、なかなかの勾配を登っていきます。奥の院にも御朱印所があるので、ぜひがんばって登ってください

室生山の山麓から境内が広がります。金堂に向かう鎧坂は、秋には見事な紅葉の風景を見せてくれます

＼御朱印と御朱印帳はP.27・36でも紹介！／

墨書／奉拝、如意輪観世音、女人高野、室生寺　印／真言三道場之随一三國無雙精進峯、如意輪観世音を表す梵字キリークの印、室生寺印

墨書／奉拝、十一面観世音、女人高野、室生寺　印／真言三道場之随一三國無雙精進峯、十一面観世音を表す梵字キャの印、室生寺印

DATA
室生寺　MAP P.7-B3
開創／770～780年（宝亀年間）
山号／宀一山（べんいちさん）
宗旨／真言宗
住所／奈良県宇陀市室生78
電話／0745-93-2003
交通／近鉄「室生口大野駅」よりバス14分、「室生寺」下車
拝観時間・御朱印授与／8:30～17:00（4～11月）、9:00～16:00（12～3月）
拝観料／600円
URL http://www.murouji.or.jp/

お寺の方からのメッセージ

有名な五重塔は、初めて見る方には意外と小さく見えるかもしれません。総高約16mは国内最小です。周囲のシャクナゲは、4月中旬から紅色の花を咲かせます。

室生寺は「女人高野」と呼ばれています。同じ真言宗の高野山が女人禁制としていたのに対し、室生寺は女性の参拝を許したことから、このように呼ばれるようになりました。

和歌山

慈尊院【じそんいん】

弘法大師の母、玉依御前ゆかりの寺

高野山参詣の玄関口。四国の善通寺から弘法大師を訪ねた母公が晩年を過ごしました。

ご本尊
弥勒仏坐像《みろくぶつざぞう》

高野山を開いた弘法大師は、高野山参詣の表玄関として慈尊院を建立しました。境内は高野山へ登る町石道《ちょういしみち》の出発点となっています。弘法大師の母公玉依御前は大師に会いに現在の香川県にある善通寺から来訪しますが、高野山は女人禁制のため、この寺に滞在します。大師はたびたび町石道を行き来して母公を訪ねました。母公が亡くなると廟所を建て、自作の弥勒菩薩を祀りました。以来、慈尊院は弘法大師と母公の結縁寺、女人高野として知れわたり、多くの女性たちが参拝に訪れるようになったのです。2004年(平成16年)7月、弥勒堂(ご廟)がユネスコの世界遺産「紀伊山地の霊場と参詣道」の一部として登録されました。

みんなのクチコミ!!

弘法大師像と並んで「高野山案内犬のゴン」の碑があります。弘法大師の時代の案内犬の再来といわれた犬で、昭和60年代に活躍した案内犬ゴンの碑。お大師さんの犬などと呼ばれて親しまれたそうです

お守り

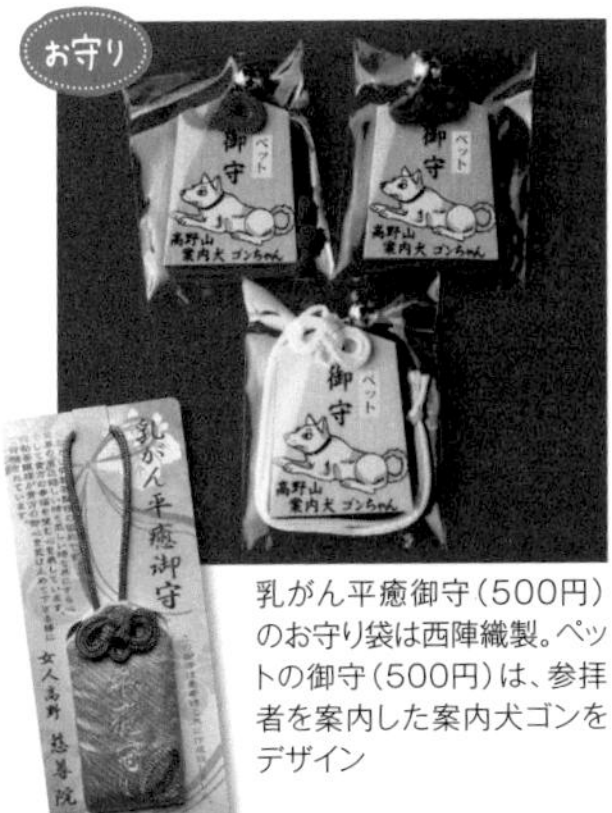

乳がん平癒御守(500円)のお守り袋は西陣織製。ペットの御守(500円)は、参拝者を案内した案内犬ゴンをデザイン

絵馬

子授けや良縁を願う絵馬。なかには乳房型絵馬もあります

御朱印はP.28でも紹介!

墨書/奉拝、女人高野、弥勒佛、慈尊院
印/弘法大師母公、梵字ユの弥勒菩薩を表す印、女人高野万年山慈尊院

御朱印帳

表紙に多宝塔をデザインしたオリジナル御朱印帳(1200円)。裏表紙は慈尊院本堂です

DATA

慈尊院 MAP P.7-A3

開創/816年(弘仁7年)
山号/万年山
宗旨/高野山真言宗
住所/和歌山県伊都郡九度山町慈尊院832
電話/0736-54-2214
交通/南海「九度山」駅より徒歩23分
拝観時間・御朱印授与/8:00~17:00
拝観料/無料
URL http://jison-in.org/index.htm

お寺の方からのメッセージ

「高野参りは慈尊院から」と昔からいわれています。高野山へ向かう山道を通るときは、道中安全、諸祈願のため、まず慈尊院にお参りください。

女人高野として女性の信仰を集めるお寺らしく、安産、授乳、子宝、乳がんの予防・平癒などの願いを込めて乳房型絵馬(2000円)を奉納する方が多くいらっしゃいます。

本堂にはご本尊のほか、不動明王、日光・月光両菩薩等を安置

ご本尊は弘法大師の自作と伝わる

石薬師寺
[いしゃくしじ]

創建は奈良時代。旧東海道沿いの古刹です。浮世絵「東海道五十三次」にも描かれました。

旧東海道に面しているお寺です。江戸時代には参勤交代で通行する大名が財物を寄進して道中の安全を祈願したそうです。

ご本尊の石薬師如来は鈴鹿市指定有形文化財。「女神のような優しい表情です。花崗岩は雲母を含んでいるので、灯明をつけると全身がキラキラ光ります」とご住職。御朱印帳の表紙は「東海道五十三次」で、ゴッホの「タンギー爺さん」は石薬師にある「石薬師のかば桜」を描いたものです。

ご本尊
いしゃくしにょらい
石薬師如来

みんなのクチコミ!!
ご本尊は、その名のとおり珍しい花崗岩の石像です。像の高さは190cmで、普段は秘仏とされています。12月20日の「おすす払い」のときに御開帳されます

国道1号（東海道）に面した山門
参勤交代の際に立ち寄る殿様が、山門から境内に下りる際に、足元に配慮して丸みをつけたといわれる石段が、現在も残されています。

歌川広重の浮世絵『東海道五十三次』の『石薬師宿』。左下に描かれているのが当時の石薬師寺の姿です

御朱印帳

広重の浮世絵が表紙の西陣織の御朱印帳が人気。インターネットでこの御朱印帳を知り、訪ねてくる欧米人もいるそうです（1700円）

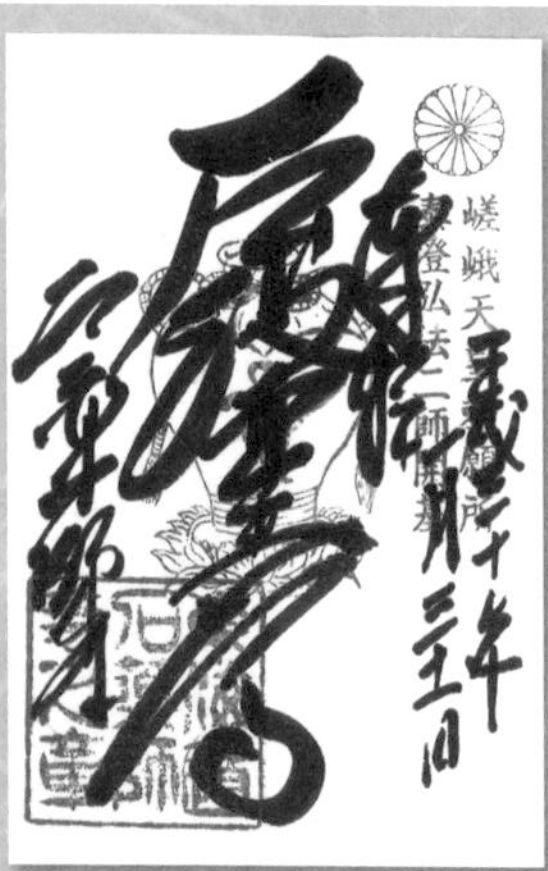

墨書／奉拝、石醫王尊、石薬師寺　印／嵯峨天皇勅願所泰澄弘法二師開基、梵字バイの薬師如来を表す印、東海道石薬師寺之章

お守り

病気平癒御守
（1000円）

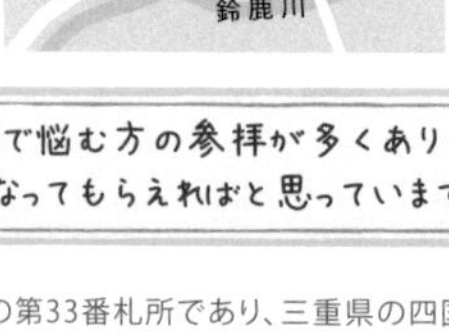

DATA
石薬師寺　MAP P.7-B2
開創／726年（神亀3年）
山号／高富山
宗旨／東寺真言宗
住所／三重県鈴鹿市石薬師町1
電話／059-374-0394
交通／JR「加佐登駅」よりタクシー5分、三重交通「上田口」バス停より徒歩5分
拝観／8:00〜17:00
拝観料／本堂内拝300円
URL https://sites.google.com/view/ishiyakushiji

お寺の方からのメッセージ

病気平癒で知られ、病で悩む方の参拝が多くあります。悩みを聞き、励ますことで落ち込んでいる気持ちが、少しでもラクになってもらえればと思っています。

7府県にわたる「西国薬師四十九霊場」の第33番札所であり、三重県の四国八十八ヵ所の番外1番札所でもあります。

第三章 御利益別！ 今行きたいお寺

Part 5

仕事・学業

高校・大学受験の合格や資格試験の合格など、大きな夢を実現したい方の後押しをしてくれる仏様をご紹介します！

- ◉ 善峯寺（京都）
- ◉ 勝尾寺（大阪）
- ◉ 毘沙門堂（京都）
- ◉ 安倍文殊院（奈良）
- ◉ 法隆寺（奈良）
- ◉ 寶山寺（奈良）
- ◉ 紀三井寺（和歌山）

京都を一望できる雄大な眺望

西国三十三所の第20番札所です。多くの寺宝を有し、四季の移り変わりの味わい深いお寺。

京都

善峯寺

【よしみねでら】

京都西山の中腹に3万坪の広い境内を有します。比叡山の源算上人が1029年（長元2年）に開創。その後、後一条天皇が鎮護国家の勅願所とし、後鳥羽天皇から「善峯寺」の宸額を賜るなど、皇室と深い関わりのある名刹です。応仁の乱で堂宇の大半が焼失し、江戸時代に5代将軍徳川綱吉の生母桂昌院により、鐘楼・観音堂・薬師堂などが復興されました。急な石段を上ると楼門形式の山門、さらに上がると観音堂があります。多宝塔を過ぎると桂昌院お手植えと伝わる枝垂れ桜があります。釈迦堂を参拝し、薬師堂に着くと眼下には京の町並みから鞍馬山、葛城山まで見渡せる絶景が広がります。桜、アジサイ、秋明菊、そして紅葉と、四季の彩りが豊かなお寺です。

ご本尊
千手観音《せんじゅかんのん》

みんなのクチコミ!!

観音堂から石段を上がったところの「遊龍の松」は全長37mもの見事な松。樹齢600年と伝わり、国の天然記念物に指定されています

墨書／奉拝、大悲殿、よし峯寺　印／西國二十番、梵字キリークの千手観音を表す印、善峰教寺

墨書／奉拝、出世瑠璃光、善峯寺　印／葵の紋、梵字ベイの薬師如来を表す印、善峰寺薬師堂

お守り

左／腰痛神経痛守り（1000円）、右／おちないお守り（1000円）

開運出世守（500円）

DATA

善峯寺 MAP P.7-B2
開創／1029年（長元2年）
山号／西山
宗旨／天台宗単立
住所／京都府京都市西京区大原野小塩町1372
電話／075-331-0020
交通／JR「向日町駅」、阪急「東向日駅」から阪急バス30分、「善峯寺」バス停下車徒歩8分
拝観時間・御朱印授与／8:00～17:00（平日8:30～）
拝観料／500円
URL http://www.yoshiminedera.com/

お寺の方からのメッセージ

薬師堂のご本尊は綱吉公の生母桂昌院を玉の輿に導いた「出世薬師如来」としてあがめられています。

アジサイ8000株、秋明菊5000株、そして全山の紅葉など、四季を通して境内には花が絶えません。

大阪

勝尾寺【かつおうじ】

平安時代まで遡る勝運信仰の歴史

奈良時代末期、善仲、善算の兄弟が草庵を構え、修行したのが始まりです。

荒神堂、多宝塔などの堂宇が点在する境内は広さ八万坪

その他の御利益
商売繁盛、病気平癒、厄除けなど

ご本尊
十一面千手観世音菩薩《じゅういちめんせんじゅかんぜおんぼさつ》

創建は奈良時代と伝わり、最初は弥勒寺と称していました。平安時代になり、六代座主の行巡が清和天皇の病気平癒を祈り効験があったため帝から「まさに王に勝った寺、勝王寺である」と命名されました。しかし、あまりに畏れ多いと「勝尾寺」と称するようになったそうです。以来「勝運の寺」として歴代の将軍や武将たちが勝運を祈り、「人生のあらゆる場面に勝つ寺」として信仰を集めています。

勝ちダルマ奉納棚

入試合格や就活成功などの願いがかなった勝ちダルマを奉納する場所です。一体一体に秘められた物語に思いをはせましょう。勝ちダルマ（3000円～）。

みんなのクチコミ!!

お寺から車で10分ほどの「箕面大滝」は、日本の滝百選のひとつとされる名瀑。紅葉シーズンには多くの人が訪れます。滝から箕面駅へと続く「滝道」は遊歩道になっています

毎年11月、勝尾寺とその周辺の山々が色づき始めると、全山は日暮れとともにライトアップされます

六十四卦ダルマみくじ（500円）は、陰と陽の相反するふたつの要素で64種類の「卦」を導いて占います

お守り

勝守（800円）

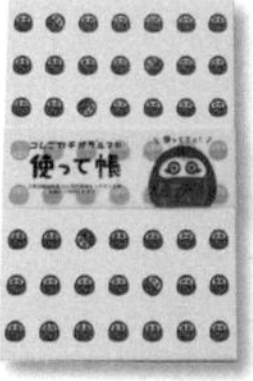

コムニカチオダルマの「使って帳」（1500円）。コムニカチオとはラテン語で「コミュニケーション」という意味だそうです

御朱印はP.28でも紹介!

墨書／奉拝、大悲殿、勝尾寺　印／西國第二十三番、千手観音菩薩を表す梵字キリーク、應頂山勝尾寺

DATA

勝尾寺 MAP P.7-A2

開創／727年（神亀4年）
山号／応頂山
宗旨／真言宗
住所／大阪府箕面市勝尾寺
電話／072-721-7010
交通／北大阪急行「千里中央駅」から阪急バス35分「勝尾寺前」下車すぐ
拝観時間／平日・日・祝8:00～17:00（土曜～18:00）
御朱印授与／8:00～16:30
入山料／500円
URL https://katsuo-ji-temple.or.jp/

お寺の方からのメッセージ

境内は桜やシャクナゲ、アジサイなどの四季の花が美しいです。11月になると広い境内が赤や黄色に彩られ、絶景スポットに事欠きません。

1183年（寿永２年）、兵乱で伽藍が焼失。鎌倉時代に源頼朝が復興に尽力し堂宇を再建しました。本堂は淀君の建立とされ、1999年（平成11年）に修復工事が行われました。

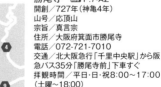

四季折々の趣あふれる門跡寺院

春は桜、夏は新緑、秋は紅葉、冬は雪景色。ひなびた山寺の風情を伝える古刹です。

京都

毘沙門堂【びしゃもんどう】

その他の御利益
金運・財運

ご本尊
毘沙門天《びしゃもんてん》

創建は703年（大宝3年）。文武天皇の勅願により開かれました。当初は京都の出雲路橋付近にあり出雲寺というお寺でしたが、後に「毘沙門堂」となります。戦乱と焼失を経て、1665年（寛文5年）に現在の地に再建されました。ご本尊の毘沙門天は最澄（伝教大師）の自作と伝わり、商売繁盛、家内安全に御利益があるとされます。1月の初寅参りでは福笹が授与され、参拝客でにぎわいます。

みんなのクチコミ!!

授与品の「むかで牘（ふだ）」は、多くの足をもつムカデにちなみ財福をつかんで福徳を成就するという御利益があるそうです。ムカデは毘沙門天の使いとされています

京都屈指の紅葉の名所として知られます

秋に一斉に色づくイロハモミジ、ヤマモミジなどは、境内周辺で約150本。絶妙な紅葉のグラデーションと、朱色の建物とのコントラストが見事です。

天台宗京都五箇室門跡のひとつで、諸堂宇は京都市有形文化財です

門跡らしい華やかな表紙のオリジナル御朱印帳。さまざまなカラーの表紙が用意されています（2000円～）

＼御朱印と御朱印帳はP.23・32でも紹介！／

墨書／奉拝、毘沙門天王、京都、毘沙門堂　印／護法山、16弁の菊の中央に「山」、毘沙門堂門跡

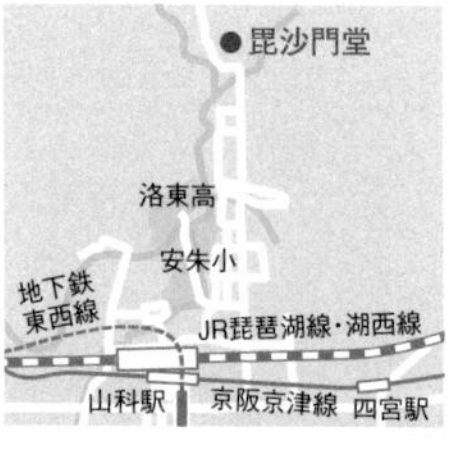

DATA

毘沙門堂　MAP P.7-B2

開創／703年（大宝3年）

山号／護法山　宗旨／天台宗

住所／京都府京都市山科区安朱稲荷山町18

電話／075-581-0328

交通／JR・地下鉄「山科駅」、京阪「京阪山科駅」から徒歩20分

拝観時間／9:00～17:00（拝観受付～16:30）（冬期は16:00受付終了16:30閉堂）

御朱印授与時間／9:00～16:00

拝観料／500円（令和6年度以降変更あり）

URL https://www.bishamon.or.jp/

お寺の方からのメッセージ

季節の限定御朱印や月替わりに花の印が変わる御朱印、そして特別公開の際に頂ける御朱印など、さまざまな御朱印があります。

ご本尊は親しみを込めて「毘沙門さん」と呼ばれています。歴史的な建造物や文化財も多く、境内は桜や紅葉の隠れた名所として知られています。

陰陽師・安倍晴明ゆかりの聖地

日本三文殊の第一霊場。「三人寄れば文殊の智恵」で有名な文殊菩薩様から未来を見通す力を授かる。

奈良

安倍文殊院【あべのもんじゅいん】

その他の御利益
縁結び、金運

ご本尊
文殊菩薩《もんじゅぼさつ》

安倍晴明の生誕地と伝わる安倍一族の氏寺です。645年（大化元年）の創建と伝わり、日本最古に属するお寺です。境内には飛鳥時代の古墳（特別史跡）や、安倍晴明が天文観測をしたと伝わる展望台、縁結びの菊理姫を祀る白山堂などのパワースポットも点在。池に浮かぶ金閣浮御堂には晴明の像や陰陽道の宝物が祀られ、魔除けや方位災難除け祈願の修行場になっています。1年を通してさまざまな花を楽しめるお寺です。

高さ約7m。
日本一大きな文殊菩薩像

ご本尊の騎獅文殊菩薩像（国宝）は、獅子に乗り右手に「降魔の利剣（ごうまのりけん）」、左手には慈悲・慈愛を象徴する蓮華（ハスの花）を持っています。胎内墨書銘から1203年（建仁3年）、大仏師・快慶の作と判明しています。

みんなのクチコミ!!

安倍文殊院では毎年新春を迎えるに際し、境内広場に、パンジーの花で植え込まれたその年の干支の花絵を描きます。例年、毎年11月から翌年4月下旬頃まで楽しめます

陰陽道の祖としても知られている安倍晴明。安倍晴明像は晴明社の主神として祀られており、現在は金閣浮御堂内に安置されています

ご本尊に従う善財童子立像（国宝）は可憐な表情でファンを魅了する仏像界きってのアイドルです！ 文殊菩薩に呼び止められ文殊菩薩を振り返りながら見ているお姿をされています

お守り

玄関魔除け札

＼御朱印と御朱印帳はP.26・36でも紹介！／

墨書／奉拝、文殊大士、安倍山　印／日本三所第一、国宝、文殊菩薩を表す梵字マンの印、安倍山文殊院　●「日本三所第一」は日本三文殊の第一霊場を表します

DATA
安倍文殊院 MAP P.7-B3
開創／645年（大化元年）
山号／安倍山
宗旨／華厳宗
住所／奈良県桜井市阿部645
電話／0744-43-0002
交通／近鉄大阪線「桜井駅」から徒歩23分
拝観時間・御朱印授与／9:00～17:00
URL https://www.abemonjuin.or.jp/

お寺の方からのメッセージ

表山門の参道から本堂、文殊池、そして展望台まで、500本にも及ぶ染井吉野の桜が続きます。春には、桜の海にのみ込まれたかのような絶景となります。

文殊菩薩を中心に、向かって左に維摩居士（ゆいまこじ）と須菩提（しゅぼだい）、向かって右に獅子の手綱を持つ優填王（うでんのう）と先導役の善財童子の4人の脇士をともなう「渡海文殊群像」は、説法の旅に出かけている姿を表しています。

撮影:便利堂

奈良

法隆寺【ほうりゅうじ】

聖徳太子ゆかりの世界遺産です

広大な境内は五重塔や金堂が建つ西院伽藍と夢殿を中心とした東院伽藍。仏教文化遺産の宝庫。

ご本尊
釈迦如来《しゃかにょらい》

法隆寺の境内は約18万7000㎡。広大な境内は五重塔や金堂が建つ西院伽藍と夢殿を中心とした東院伽藍に分かれ、国宝18を含む47の建造物が建ち並びます。貴重な美術工芸品も数多く所有し、国宝だけでも39もあります。

東院伽藍は聖徳太子の住居であった斑鳩の宮跡で、その本堂が夢殿です。甍に宝珠を戴く夢殿の堂内には聖徳太子の等身大と伝わる救世観音が祀られています。この観音は長く秘仏とされ厨子に納められていたので保存状態がよく金箔が残り、造像当初の輝きを見せています。公開は春季と秋季の2回です。

みんなのクチコミ!!

法隆寺の建つ斑鳩には、のどかな田園風景が広がります。歩いて回れる距離に名刹が並び、晴れた日には散策も楽しいです

古いものから新しいものまで、斑鳩の里は道標が整備されており、御朱印めぐりで迷うことはありません

法隆寺の周辺の長く続く土塀の道。奈良県景観資産として知られており、当時をしのばせる趣に満ちた風情です

墨書/奉拝、南無佛、法隆寺　印/斑鳩、法隆学問寺

墨書/奉拝、以和為貴、法隆寺　印/斑鳩、法隆学問寺

墨書/奉拝、篤敬三宝、法隆寺　印/斑鳩、法隆学問寺

DATA

法隆寺 MAP P.7-B2

山号/なし　宗旨/聖徳宗

住所/奈良県生駒郡斑鳩町法隆寺山内1-1

電話/0745-75-2555

交通/JR「法隆寺駅」から徒歩20分

拝観時間/8:00〜17:00（11/4〜2/21は〜16:30）

拝観料/1500円

URL http://www.horyuji.or.jp/

お寺の方からのメッセージ

鏡池の北にある大宝蔵院には、夢違観音、玉虫の厨子。百済観音堂には八頭身の百済観音が安置されています。こちらもぜひ拝観しましょう。

東院回廊を出ると鏡池が広がり、池畔には句碑が立っています。「柿くへば鐘が鳴るなり法隆寺」。1895年（明治28年）に正岡子規が詠んだ句で、彫られた字は子規の筆跡です。

通称「生駒の聖天さん」で知られる

弘法大師も修行したと伝わる修行道場。
境内からは奈良の町並みも見下ろせます。

奈良

寶山寺

【ほうざんじ】

ご本尊
不動明王《ふどうみょうおう》

みんなのクチコミ!!
境内はとても広く、多くの堂宇が建ち並んでいます。生駒山中腹に位置するだけに、多宝塔や奥の院までは山道を歩いて登ります

生駒山は古来、神や仙人が住む山とされてきました。寺伝によれば7世紀に役行者が梵文般若経を書写して山中の般若窟に納めたといいます。１６７８年(延宝6年)、湛海律師は生駒山に入り、大聖歓喜天を祀り、およそ10年をかけて堂宇を建立しました。境内にはケーブルカーで登ります。表参道を行くと鳥居があります。歓喜天は穢れを嫌うことから鳥居をくぐり、身を清めてお参りするのです。本堂は１６８８年(貞享5年)の建立で、隣接して建つ聖天堂拝殿は、外拝殿、中拝殿、聖天堂の屋根が重なる、一風変わった外観です。本堂の背後には岩山がそびえます。これが役行者ゆかりの般若窟です。境内奥の多宝塔から石段を上ると奥の院、さらに大黒堂まで進めば眼下に奈良市街が見渡せます。

本堂には、蓮華吉祥天立像などが並ぶ

ご本尊の不動明王は光背銘に「本尊火光湛海自作」とあります。向かって右が矜羯羅(こんがら)童子、左が制多迦(せいたか)童子です。

文殊堂のご本尊「文殊菩薩」は、智恵を司る仏様です。受験合格を願う親子連れや学問全般にわたるお願いごとをされる方が訪れます

墨書／生駒山、歓喜天、宝山寺　印／加持感応、梵字ギャクギャクの歓喜天を表す印、大和國生駒山宝山寺

DATA

寶山寺　MAP P.7-B2

開創／1678年(延宝6年)
山号／生駒山　宗旨／真言律宗
住所／奈良県生駒市門前1-1
電話／0743-73-2006
交通／近鉄奈良線「生駒駅」より近鉄生駒ケーブル「宝山寺駅」から徒歩10分
拝観時間／365日24時間参拝可能
御朱印授与時間／8:00～16:00(4月1日～9月末は～16:30)
拝観料／無料
URL https://www.hozanji.com/index.html

お寺の方からのメッセージ

4月1日に大護摩会式、秋分の日にお彼岸万燈会などの行事があります。毎月1日、16日はご縁日です。12月1日には生駒聖天厄除大根炊きが行われます。

寶山寺は、大和十三仏霊場の第1番霊場で、全国的な信仰を集めています。また、近畿三十六不動尊巡礼の第29番札所でもあります。

和歌山

紀三井寺【きみいでら】

3つの井戸がある紀州のお寺

正式名称を金剛宝寺護国院といい、山内には吉祥水・清浄水・楊柳水の三井水が湧きます。

その他の御利益
縁結び、開運、厄除け
など

ご本尊
十一面観世音菩薩《じゅういちめんかんぜおんぼさつ》

開創は奈良時代。標高約230mの名草山中腹に境内が広がります。楼門から本堂までは231段の石段を上ります。元禄の豪商、紀伊国屋文左衛門が宮司の娘と出会ったことがきっかけで、文左衛門が大成功を収めたことから、この坂は「結縁坂」と呼ばれます。石段の中ほどには小さな滝が落ち、これが三井水のひとつ清浄水。ここから小道に入ると楊柳水が湧きます。もうひとつの吉祥水は楼門の北に湧いています。境内に湧く三井水は環境庁「名水百選」に選ばれています。

朱色の華やかな多宝塔は1449年(文安6年)の建立で、国の重要文化財

現在の多宝塔は1441年(嘉吉元年)に倒壊した塔を再建したもの。境内では最古の本瓦葺三間多宝塔で、下層は四本柱の方形、上層は12本の柱を立て高欄をめぐらせた円形で、室町中期の様式とされます。

みんなのクチコミ!!

「結縁多幸の石灯籠」が設置された境内の見晴らし台は、良縁を願う女性やカップルに人気のフォトスポット

\御朱印帳はP.37で紹介!/

墨書/奉拝、救世殿、紀三井山
印/西國第二番、3つの梵字の印、西國三十三所の記念印、金剛寶寺

桜の見頃には、春を待ちわびていた人たちが訪れます

紀伊国屋文左衛門が母を背負って参拝したと伝わる結縁坂

木造立像では日本最大の十一面観世音菩薩像

DATA

紀三井寺 MAP P.7-A3

開創/770年(宝亀元年)
山号/紀三井山
宗旨/救世観音宗総本山
住所/和歌山県和歌山市紀三井寺1201
電話/073-444-1002
交通/JR「紀三井寺駅」から徒歩10分
拝観時間・御朱印授与/8:00~17:00
拝観料/400円
URL https://www.kimiidra.com/

お寺の方からのメッセージ

境内には約500本の桜があります。開花は3月の中旬で、早咲きの桜の名所として知られています。「近畿地方に春を呼ぶ寺」といわれています。

境内からの眺望は絶景です。眼下には市街、その向こうには日本遺産の「和歌の浦」が眺望できます。

第三章 御利益別！今行きたいお寺

Part 6 レア御利益

酒乱封じ、料理上達など、ピンポイントな一風変わったお願いをかなえてくれる「レア御利益」の関西のお寺をご紹介します！

◉正法寺（岩間寺）（滋賀）
◉法界寺（京都）
◉総持寺（大阪）
◉一心寺（大阪）／大龍寺（兵庫）
◉救馬渓観音（和歌山）
◉無量光寺（和歌山）

滋賀

正法寺（岩間寺）

【しょうほうじ（いわまでら）】

「雷除け観音」という別名をもつ寺

後白河天皇をはじめ歴代天皇が信仰を寄せ日本三大霊場のひとつとして隆盛を誇りました。

ご本尊
千手観音菩薩《せんじゅかんのんぼさつ》

みんなのクチコミ!!
境内社も含めて御朱印は5種類あります。西国三十三所の第12番札所なので、御詠歌の御朱印もあります

大津市と宇治市の境にそびえる岩間山中腹に位置します。722年（養老6年）、泰澄大師が開山しました。ご本尊は元正天皇の念持仏を胎内に納めた千手観音。毎晩、人々を救済するため厨子を抜け出して走り回り、汗をかいて戻ってくるので「汗かき観音」とも呼ばれています。また、この地は落雷が多かったのを泰澄大師が法力で鎮めたことから「雷除け観音」との別名もあります。

芭蕉の池と観音堂
松尾芭蕉は正法寺に参籠して霊験を得て俳句を確立したといわれています。奥には西国三十三観音堂があり、三十三所観音霊場の各本尊の小像が祀られています。ぼけ封じの祈願でも知られ、5月と10月の17日は「ぼけ封じ祈願会」のほうろく灸が行われ、12月17日は「ぼけ封じ大根炊き」が行われます。

健康長寿を祈る近畿十楽観音の第4番札所となっており、「ぼけ封じ観音」としての御利益があります

境内の稲妻龍王社。稲妻龍王はこのイチョウの大樹に住まうとされ、火伏せのイチョウとして雷難、火難を除いてくれます

墨書／奉拝、大悲殿、岩間寺　印／西国第十二番、梵字キリークの千手観音を表す印、近江國岩間寺

DATA
正法寺（岩間寺） MAP P.7-B2
開創／722年（養老6年）
山号／岩間山
宗旨／真言宗醍醐派
住所／滋賀県大津市石山内畑町82
電話／077-534-2412
交通／JR・京阪「石山駅」から京阪バス15分「中千町」バス停から徒歩50分
拝観時間／9:00～16:30
御朱印授与／9:00～16:00
拝観料／500円
URL http://iwama-dera.or.jp//

お寺の方からのメッセージ
「御砂ふみ道場」は西国三十三所の本堂前のお砂が、礼拝石の下に埋められており、礼拝石に立って札所本尊の石仏にお参りすれば西国巡礼と同じ功徳が得られるといわれています。

本堂と不動堂の間にある小さな池は松尾芭蕉ゆかりの池で、あの有名な「古池や蛙飛び込む水の音」の句は、この池で詠まれたと伝わります。

京都

法界寺

【ほうかいじ】

日野薬師として知られる古刹

子授け、安産、授乳、子育てに御利益のある「乳薬師」として古来信仰を集めてきました。

ご本尊

薬師如来《やくしにょらい》

1051年（永承6年）、日野資業が薬師如来を祀り、菩提寺として開創したとされ、親鸞はこの地で誕生し、9歳まで過ごしたと伝わります。ご本尊の薬師如来像は平安時代後期の作で秘仏。像高88㎝の立像の胎内には、伝教大師作と伝わる9㎝ほどの薬師如来の小像が納められています。それが胎児を宿す女性の姿とされ、安産、授乳、子育ての「乳薬師」として信仰を集めています。

みんなのクチコミ!!

法界寺から東の山の中に、方丈記の著者として有名な鴨長明の方丈石（方丈の庵跡）があります。鴨長明が方一丈（3m強）の小庵を営み「方丈記」を著した場所と伝えられています

レア御利益

鎌倉時代に再建された阿弥陀堂

桧皮葺きの宝形造。堂内には天女の壁画が描かれ、11世紀末頃の作で、仏師定朝の様式を受け継いだとされる像高2.8mほどの阿弥陀如来坐像が安置されています。堂宇も仏像も国宝。

江戸時代に始まった法界寺の「裸踊り」は、京都市登録無形民俗文化財。毎年1月14日に阿弥陀堂広縁で行われます

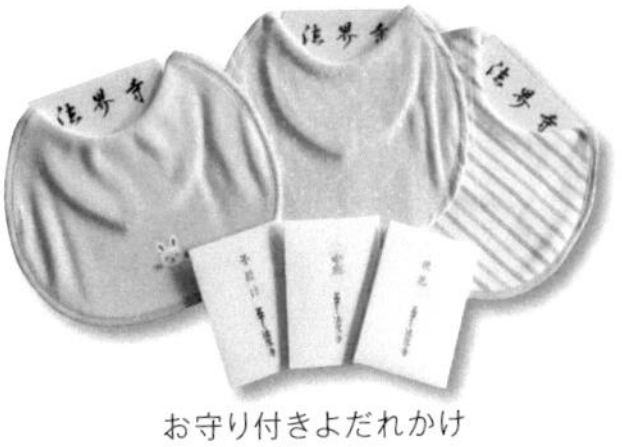

お守り付きよだれかけ（2000円）

阿弥陀如来切り絵（1000円）

墨書／東光山、薬師如来、ひのやくし法界寺
印／奉拝、薬師如来を表す梵字ベイの印、法界寺

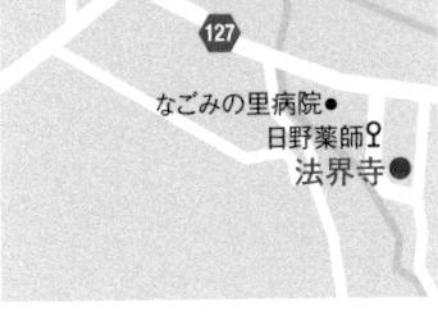

DATA

法界寺 MAP P.7-B2

開創／1051年（永承6年）
山号／東光山
宗旨／真言宗醍醐派
住所／京都府京都市伏見区日野西大道町19
電話／075-571-0024
交通／地下鉄東西線「石田駅」から徒歩15分、京阪バス「日野薬師」バス停から徒歩1分
拝観時間・御朱印授与／9:00～17:00（10～3月は16:00）
拝観料／500円

お寺の方からのメッセージ

御朱印は納経の証でスタンプではありません。その意味をよく考えて授与品を頂いてください。

薬師堂は1904年（明治37年）、奈良県斑鳩町にあった伝燈寺の本堂を移築。堂内には安産や子育ての祈願を込めたよだれかけが奉納されています。

料理上達の御利益を願う

886年(任和2年)、藤原山蔭により創建。ご本尊は亀に乗った観音様として有名です。

大阪

総持寺【そうじじ】

その他の御利益
ぼけ封じ、子育て、厄除け

ご本尊
千手千眼観世音菩薩《せんじゅせんげんかんぜおんぼさつ》

総持寺を創建した藤原山蔭の父高房は、大宰府に赴任の途中、漁師に捕まり殺されそうになっていた亀を助けます。すると翌日、川に落ちた山蔭を亀が背に乗せて救ったのです。その後、成人した山蔭が観音像を刻もうと仏師を探し、長谷寺の観音に祈ったところ、現れた童子が亀に乗った観音像を彫ったと伝わります。それがご本尊の由来で、この物語は『今昔物語』にも記載があります。

総持寺の本山は弘法大師が開いた高野山

本堂には秘仏のご本尊が安置されています。広い境内には、ぼけ封じ観音を祀る普悲観音堂や薬師如来を安置する金堂などが建ちます。ほかにも地蔵菩薩や不動明王、弘法大師、稲荷大明神、如来荒神などの多くの仏様や神様が祀られています。

みんなのクチコミ!!

境内にある「potala(ポタラ)」は、ランチも食べられるおしゃれな寺カフェです。総持寺山蔭流の調理師の方が作るご飯は絶品です

開基の山蔭は料理の名人でもあり、本尊造立に際しては1000日間にわたり、自ら料理をし、仏師に饗したとの故事から、中納言の千日料理として名を馳せ、庖丁道の祖ともいわれます。毎年4月18日には手を触れずに箸と包丁だけで魚をさばく山蔭流庖丁式が行われます

厨房守護神札(1000円)

墨書/奉拝、大悲殿、總持寺　印/西國第廿二番、梵字キリークの千手観音を表す印、總持寺印

お守り

料理上達御守(800円)

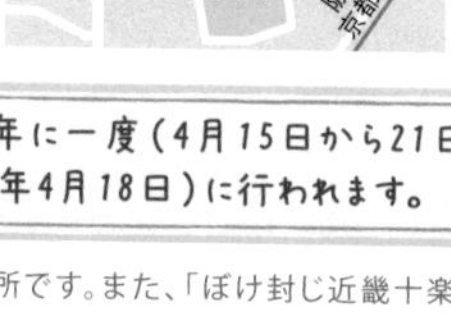

DATA

総持寺 MAP P.7-A2

開創/886年(仁和2年)
山号/補陀洛山
宗旨/高野山真言宗
住所/大阪府茨木市総持寺1-6-1
電話/072-622-3209
交通/JR・阪急京都線「総持寺駅」から徒歩5分
拝観時間・御朱印授与/8:00~17:00
拝観料/無料
URL http://sojiji.or.jp/

お寺の方からのメッセージ

ご本尊は秘仏ですが、年に一度(4月15日から21日)「秘仏本尊御開扉」が行われます。山蔭流庖丁式もこの期間中(毎年4月18日)に行われます。

総持寺は「西国三十三所」の第22番札所です。また、「ぼけ封じ近畿十楽観音6番札所」でもあり、心身壮健を願う参拝者も多く訪れます。

大阪

断酒祈願のしゃもじがずらり

一心寺【いっしんじ】

境内には、大坂夏の陣で戦死した本多忠朝のお墓があります。お酒の飲み過ぎで討ち死にし、「自分の墓に参れば酒が飲めないようにしてやる」と遺言したそうです。戦前までは断酒祈願を普通の絵馬に書いて奉納していましたが、戦後の物資不足で絵馬の代わりにしゃもじを代用したところ、定着して現在にいたっています。

ご本尊
阿弥陀如来《あみだにょらい》

みんなのクチコミ!!
山門と脇に立つ仁王像は現代風で、美術品のような斬新なデザインです

墨書／奉拝、日想観殿、一心寺　印／圓光大師廿五霊場第七番、三宝印、坂松山一心寺
●この地で法然上人が日想観を修したことが一心寺の発祥とされます

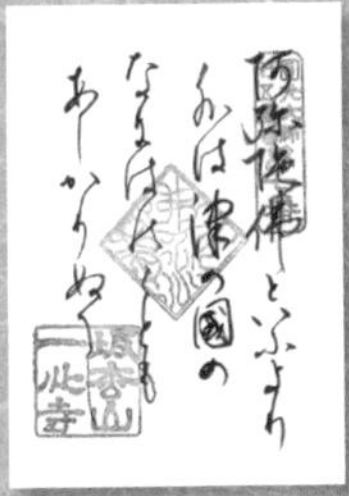

墨書／阿弥陀佛といふより外は津の國のなにはのこともあしかりぬへし　印／圓光大師廿五霊場第七番、三宝印、坂松山一心寺
●一心寺の御詠歌を墨書した御朱印。法然上人が詠んだ和歌と伝わります

一心寺が所蔵する土佐光茂筆『法然上人日想観図』。この地で夕日を見ながら極楽浄土を観想する修行の様子が描かれています

DATA
一心寺　MAP P.6-D4
開創／1185年（文治元年）
山号／坂松山　宗旨／浄土宗
住所／大阪府大阪市天王寺区逢坂2-8-69
電話／06-6771-0444
交通／JR・地下鉄「天王寺駅」または近鉄「大阪阿部野橋駅」から徒歩15分
拝観時間／5:00～18:00
御朱印授与／9:00～16:00
拝観料／無料
URL http://www.isshinji.or.jp/

兵庫

中風（脳卒中）除けの寺

大龍寺【たいりゅうじ】

和気清麻呂が大蛇に命を救われたことで霊験を感じ、伽藍を建立した地とされます。弘法大師が唐に渡る前に参拝し、旅の安全を祈願、帰国後、お礼に再び訪れたので山号を再度山といいます。1375年（天授元年）、中風を患った後円融上皇が平癒祈願により治癒したことから、以降、中風除けの加持祈祷の寺として有名になりました。毎月21日には中風除けの加持を行っています。

墨書／再度山、梵字「キリク」＋大悲殿、大龍寺　印／和気清麿公弘法大師　聖蹟重光、稱徳天皇勅願所　開基和氣清麻呂公　弘法大師再登霊跡、蓮華部尊の総種子キリク字、再度山大龍寺　●ご本尊は行基菩薩が一刀三礼して彫り上げたと伝わります

毘沙門堂には大黒天、弁財天、毘沙門天を合体させた秘仏三面大黒天が祀られています。忠実に再現した像を納経所で見ることができます

参道には西国三十三所石仏群がずらり。弘法大師が登った山道で、大師道と呼ばれています

DATA
大龍寺　MAP P.7-A2
開創／768年（神護景雲2年）
山号／再度山　宗旨／東寺真言宗
住所／兵庫県神戸市中央区神戸港地方再度山1-3
電話／078-341-3482
交通／JR「三ノ宮駅」から市バス20分、「大竜寺」バス停下車、徒歩5分
※冬季（12/1～3/31）はバス運休
拝観時間／自由
御朱印授与／8:00～17:00
拝観料／無料
URL https://www.tairyuji.com

ご本尊
聖如意輪観世音菩薩《しょうにょいりんかんぜおんぼさつ》

みんなのクチコミ!!
四季の自然を感じられる山寺で、なかでもイチョウの落ち葉で本堂前が黄金に染まる晩秋は必見です

本堂は岩窟に建てられた欅造り

約1300年の歴史をもつ聖地

正月三が日の初詣には約7万人が参拝するという和歌山県南部で最古・最大の開運・厄除けの霊場。

和歌山

救馬溪観音

【すくまだにかんのん】

ご本尊

馬頭観世音菩薩《ばとうかんぜおんぼさつ》

修験道の開祖である役行者が飛鳥時代に開山し、その後953年（天暦7年）に、空也上人が自ら刻んだ観音像を安置したのが始まりと伝わります。中辺路《なかへち》と大辺路《おおへち》の分岐点に位置しているため、熊野詣の安全を祈願する寺としても知られています。ご本尊は大仏師快慶の作と伝えられ、午年の旧暦初午の日にのみ御開帳されます。毎年3月の初午祭は全山挙げての厄除大祭。大投餅は名物です。

みんなのクチコミ!!

山内には「縁結びの神」がおられます。男女の縁はもちろん、人の縁や商売・お金の縁など、どんなご縁でもかなえてくれるそうです。岩にあるハート形のタホニーを見つけるとよいご縁が頂けるとか♡

ご神体は「馬頭の滝」

中門の手前から左に進むとある「瀧王神社」は、役行者の開いた修験行場。別名「お瀧大権現」と呼ばれています。

お守り

馬九行久（うまくいく）守。金（1000円）、黒（1000円）、白（500円）

※金色は毎月1日限定

上空から見た本堂全景

あじさい曼荼羅園には、6月中旬から下旬にかけて2000坪の園内に約120種1万株のアジサイが咲き誇ります。入園料800円

＼御朱印と御朱印帳はP.29・37でも紹介!／

墨書／奉拝、大悲閣、救馬溪観音　印／近西國第十四番、佛法僧寶、救馬溪大悲閣

墨書／奉拝、十一面観音、救馬溪観音　印／口熊野大観音、梵字キャの十一面観音を表す印、救馬溪大悲閣

DATA

救馬溪観音 MAP P.7-A4

開創／953年（天暦7年）

山号／瀧尾山

宗旨／真言宗単立

住所／和歌山県西牟婁郡上富田町生馬313

電話／0739-47-1140

交通／JR「紀伊田辺駅」「白浜駅」からタクシー20分

拝観時間・御朱印授与／7:00～17:00（時期により拝観時間は異なります）

拝観料／無料

URL https://www.sukuma.jp/

お寺の方からのメッセージ

あじさい曼荼羅園の先にある展望台からは、田辺湾や紀伊水道、紀州の連山を一望できます。ぐるりと360度のパノラマが楽しめるので、ぜひ登っていただいて絶景を堪能してください。

浄瑠璃などで知られる小栗判官の愛馬が病で動けなくなったときに、本寺に祈願したところ馬が全快したことから、小栗判官が1426年（応永33年）に堂宇を再建。「救馬溪観音」の名はここから名づけられたといいます。

和歌山

無量光寺

【むりょうこうじ】

「おぼとけさまのお寺」として有名

「首から上の願いをかなえてくれる」という噂で、多くの受験生たちが詣でるお寺です。

1829年（文政12年）、紀州藩第10代藩主である徳川治《はる》宝《とみ》の命で、徳本上人を開山として創建されました。1881年（明治14年）に全山焼失。1886年（明治19年）に打田町の伝法院から本堂を移築し、規模が縮小されて現在にいたっています。境内に祀られた首大仏はその名のとおり首だけの大仏。盧遮那仏の頭部です。1840年（天保11年）に、無量光寺の末寺であった大福寺で開眼法要が行われた大仏でしたが、大福寺の廃寺にともない本山の無量光寺に移されました。首大仏は高さ約3m。威容を誇っています。

ご本尊

阿弥陀如来《あみだにょらい》

みんなのクチコミ!!

和歌山市の中心部に位置し、近くに和歌山城や和歌山の文化歴史に関する展示、紀州徳川家旧蔵品などを展示する和歌山県立博物館などの立ち寄りスポットも多くあります

レア御利益

境内に入ると目に飛び込んでくる首大仏

大福寺の経済的な事情から坐像にすることを断念したといわれています。

「おぼとけさま」こと首大仏は、本堂の手前にいらっしゃいます

墨書／本尊 阿弥陀如来　印／和歌山西國第八番、梵字キリークの阿弥陀如来を表す印、紀伊の大佛 和歌山市吹上 無量光寺、里宮山無量光寺璽

●御朱印は常に置き書きとなります。

DATA

無量光寺　MAP P.7-A3

開創／1829年（文政12年）

山号／里宮山

宗旨／浄土宗

住所／和歌山県和歌山市吹上5-1-35

電話／073-423-5738

交通／JR「和歌山駅」から和歌山バス15分「小松原」バス停下車、徒歩10分

拝観時間・御朱印授与／7:00～16:30(要確認)

拝観料／無料

お寺の方からのメッセージ

無量光寺のある「寺町通り」は、紀伊徳川家が町をつくる際に、お寺を集めた地域です。現在でも由緒あるお寺が並んでいますので、歴史散策も楽しいかもしれません。

首大仏はもともと鎌倉の大仏をモデルにしていたといわれ、実際に胴体が作られたとすると顔の大きさから比率を計算して高さ13mくらいの大仏になったと推定されます。

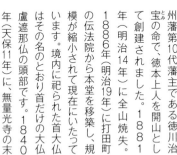

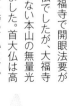

お寺シリーズ

御朱印でめぐる
関東の百寺
〈坂東三十三観音と古寺〉
定価1650円(税込)

御朱印でめぐる
秩父の寺社
〈三十四観音完全掲載〉改訂版
定価1650円(税込)

御朱印でめぐる
高野山
改訂版
定価1650円(税込)

御朱印でめぐる
東京のお寺
定価1650円(税込)

御朱印でめぐる
奈良の古寺
改訂版
定価1650円(税込)

御朱印でめぐる
京都のお寺
改訂版
定価1650円(税込)

御朱印でめぐる
鎌倉のお寺
〈三十三観音完全掲載〉三訂版
定価1650円(税込)

御朱印でめぐる
全国のお寺
週末開運さんぽ
定価1540円(税込)

御朱印でめぐる
茨城のお寺
定価1650円(税込)

御朱印でめぐる
東海のお寺
定価1650円(税込)

御朱印でめぐる
千葉のお寺
定価1650円(税込)

御朱印でめぐる
埼玉のお寺
定価1650円(税込)

御朱印でめぐる
神奈川のお寺
定価1650円(税込)

御朱印でめぐる
関西の百寺
〈西国三十三所と古寺〉
定価1650円(税込)

御朱印でめぐる
関西のお寺
週末開運さんぽ
定価1760円(税込)

御朱印でめぐる
東北のお寺
週末開運さんぽ
定価1650円(税込)

テーマシリーズ

寺社の凄い御朱印を
集めた本から鉄道や船の印を
まとめた1冊まで
幅広いラインアップ

御朱印でめぐる
東京の七福神
定価1540円(税込)

日本全国
この御朱印が凄い!
第弐集 都道府県網羅版
定価1650円(税込)

日本全国
この御朱印が凄い!
第壱集 増補改訂版
定価1650円(税込)

一生に一度は参りたい!
御朱印でめぐる
全国の絶景寺社図鑑
定価2497円(税込)

日本全国
日本酒でめぐる酒蔵
&ちょこっと御朱印〈西日本編〉
定価1760円(税込)

日本全国
日本酒でめぐる酒蔵
&ちょこっと御朱印〈東日本編〉
定価1760円(税込)

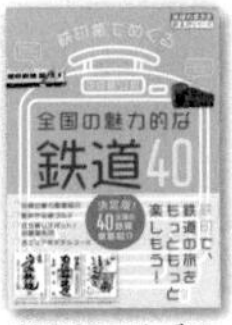
鉄印帳でめぐる
全国の魅力的な鉄道40
定価1650円(税込)

御船印でめぐる
全国の魅力的な船旅
定価1650円(税込)

関東版ねこの御朱印&
お守りめぐり
週末開運にゃんさんぽ
定価1760円(税込)

日本全国ねこの御朱印&
お守りめぐり
週末開運にゃんさんぽ
定価1760円(税込)

沿線シリーズ

人気の沿線の
魅力的な寺社を紹介。
エリアやテーマ別の
おすすめプランなど
内容充実

御朱印でめぐる
東急線沿線の寺社
週末開運さんぽ
定価1540円(税込)

御朱印でめぐる
中央線沿線の寺社
週末開運さんぽ
定価1540円(税込)

聖地シリーズ

山・森・水・町・島の
聖地として
お寺と神社を紹介

御朱印でめぐる
全国の聖地
週末開運さんぽ
定価1430円(税込)

御朱印でめぐる
関東の聖地
週末開運さんぽ
定価1430円(税込)

www.arukikata.co.jp/goshuin/ 検索

編集後記　私の凄い御利益のお寺はココ！

実家近くにあり、ゆかりのある中山寺（→P.55）にて安産祈願を行いました。なかなか逆子が戻らず困っていたのですが、ぎりぎりでなおってくれて無事に出産！ 出産後に息子と一緒にお礼参りにもいきました。（編集U）

琵琶湖に浮かぶ竹生島の宝厳寺（→P.72）に行きました。滋賀県出身者にはわかるフローティングスクール以来の竹生島。普段なかなか乗ることがない船で行くお寺もよいものでした。長浜名物の鯖そうめんもおいしかったです！（編集Y）

室生寺（→P.124）で、長い階段の数を数えながら、一歩一歩登って奥の院まで行きました。御朱印を頂くとき「お疲れさまでした」と声をかけていただきとてもうれしかったです。眺望もすばらしく、頑張った甲斐がありました。（編集M）

建仁寺（→P.60）や知恩院（→P.62）に青蓮院門跡（→P.62）といった京都の東山付近のお寺をめぐりました。この地域は有名寺院がとても多く、ついついお寺をハシゴしてしまい、あっという間に閉門時間。とても幸せなひとときでした。（編集A）

地球の歩き方　御朱印シリーズ 54

御朱印でめぐる関西のお寺　週末開運さんぽ

2024年1月30日　初版第1刷発行

著作編集 ● 地球の歩き方編集室

発行人 ● 新井邦弘
編集人 ● 由良暁世
発行所 ● 株式会社地球の歩き方
〒141-8425　東京都品川区西五反田 2-11-8
発売元 ● 株式会社Gakken
〒141-8416　東京都品川区西五反田 2-11-8

印刷製本 ● 開成堂印刷株式会社

企画・執筆 ● 株式会社ワンダーランド〔馬渕徹至・吉田明代・山下将司〕
編集 ● 山下将司・吉田明代・馬渕徹至
デザイン ● 又吉るみ子、株式会社ワンダーランド〔湯浅祐子・松永麻紀子・水野政幸・吉田健明〕
イラスト ● みよこみよこ
マップ制作 ● 齋藤直巳〔アルテコ〕
校正 ● ひらたちやこ
写真協力 ● PIXTA
編集・制作担当 ● 梅崎愛莉

※本書は基本的に2023 年11月の取材データに基づいて作られています。
発行後に料金、営業時間、定休日などが変更になる場合がありますのでご了承ください。
更新・訂正情報:https://book.arukikata.co.jp/support/

●この本に関する各種お問い合わせ先
・本の内容については、下記サイトのお問い合わせフォームよりお願いします。
URL ▶ https://www.arukikata.co.jp/guidebook/contact.html
・在庫については　Tel ▶ 03-6431-1250（販売部）
・不良品（落丁、乱丁）については　Tel ▶ 0570-000577
学研業務センター　〒354-0045　埼玉県入間郡三芳町上富279-1
・上記以外のお問い合わせは　Tel ▶ 0570-056-710（学研グループ総合案内）

学研グループの書籍・雑誌についての新刊情報・詳細情報は、下記をご覧ください。
学研出版サイト　https://hon.gakken.jp/
地球の歩き方　御朱印シリーズ　https://www.arukikata.co.jp/goshuin/

＼感想を教えてください！／

読者プレゼント

ウェブアンケートにお答えいただいた方のなかから抽選で毎月3名の方にすてきな商品をプレゼントします！
詳しくは下記の二次元コード、またはウェブサイトをチェック。

https://www.arukikata.co.jp/guidebook/enq/goshuin01